一次讀懂中國哲學

諸子百家閃耀時

林欣浩　著

中華教育

責任編輯　鍾昕恩
裝幀設計　龐雅美
排　　版　龐雅美
印　　務　劉漢舉

一次讀懂中國哲學

諸子百家閃耀時

林欣浩　著

出版 ｜ 中華教育

香港北角英皇道 499 號北角工業大廈 1 樓 B 室

電話 ： (852) 2137 2338　傳真 ： (852) 2713 8202

電子郵件 ： info@chunghwabook.com.hk

網址 ： http://www.chunghwabook.com.hk

發行 ｜ 香港聯合書刊物流有限公司

香港新界荃灣德士古道 220-248 號荃灣工業中心 16 樓

電話 ： (852) 2150 2100　傳真 ： (852) 2407 3062

電子郵件 ： info@suplogistics.com.hk

版次 ｜ 2023 年 9 月第 1 版第 1 次印刷

©2023 中華教育

規格 ｜ 16 開（210mm x 148mm）

ISBN ｜ 978-988-8860-68-5

目錄

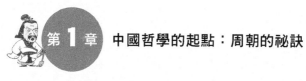

第 3 章　墨子：站在孔子對面的「平民代表」

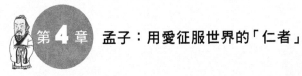

第 4 章　孟子：用愛征服世界的「仁者」

第 5 章　老子：「佛系」拯救者

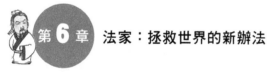

第 6 章　法家：拯救世界的新辦法

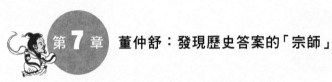

第 **7** 章　董仲舒：發現歷史答案的「宗師」

第 1 章

中國哲學的起點：
周朝的祕訣

甚麼是中國哲學？

其實，中國古代沒有「哲學」這個概念。

中國古代有「學者」，有「作家」，但是並沒有「哲學家」這個説法。「哲學」這個詞是到了近代的時候才從西方「引進」過來的。我們今天説的「中國哲學」，簡單地説，就是中國古人的思想；説白了，就是古人怎麼理解世界的。

中國古人的這些想法和我們今天很不一樣。

比如，怎麼理解自然萬物的變化規律呢？中國古人用的理論是「陰陽五行」，我們今天用的是物理化學。如果把「陰陽五行」和物理化學放到一起對比，你會發現，這兩種知識根本沒法對話，是兩套完全不兼容的體系。今天人們製造手機、汽車，用的都是物理化學方面的知識，可是，我們身邊還有很多人堅持用「陰陽五行」來解釋世界，這是為甚麼呢？用「陰陽五行」該怎麼來解釋手機的原理呢？

再比如，中國古人認為人和人之間應該有嚴格的等級差別。父親的命令，兒子必須無條件服從；丈夫的話，

妻子必須順從。可是，我們今天主張的是「人人平等」，那麼古人的道德準則還適用於當下嗎？我們還應該讓《論語》等著作來指導自己的生活嗎？

這些問題，我們要回到歷史裏，看看這些思想誕生的過程之後才能找到答案。

真正開啟中國哲學的時代，要比今天我們熟知的孔子、孟子的時代更早。早在孔子、孟子出生之前，古代中國就誕生了一個非常重要的哲學思想，而正是這個思想改變了整個中國的命運。

這件事，我們得從商朝説起。

如果商王有了「超能力」會怎麼樣？

在商朝，黃河流域分佈着很多部落和城市。

我們來想像這樣一件事：假設你現在穿越到了商朝，能不能憑一己之力統一整個黃河流域呢？

別着急啊，我不會讓你赤手空拳地穿越過去的。穿越之後，你會擁有兩種超能力：一個是力大無窮，你一掌可以推倒一棵樹；一個是刀槍不入，任何武器都傷害不

了你。好，擁有了這麼強的超能力，你能建立起多大的功業呢？

我們試試啊。

首先，最容易的是控制一個部落。當你穿越之後，找到離自己最近的部落，直接走進去把部落首領打一頓，順手一掌把他們家的房子推翻了。商朝的人都信神，一看你這麼厲害，一定都會把你當作神靈來崇拜。輕而易舉地，你就成了這個部落的首領。

接下來也不難，你可以帶着你的手下到附近走一圈。一路上，見到其他部落就衝進去大顯神威，這些部落也就都被你征服了。

但是，走着走着，你發現了一個問題：黃河流域太大了⋯⋯

那個時代沒有汽車，甚至連好一點兒的道路都沒有。你要去征服其他部落，趕路的過程只能一半靠馬車，一半靠自己的兩條腿。如果遇到雨季，有可能十天半個月都被困在一個地方，哪兒也去不了。你從自己的部落出發，一路邊走邊打，好不容易快打到黃河流域的盡頭了，正準備看看前面還有沒有甚麼部落可以征服，結果掐指一

算，這一路上已經花了半年多的時間。那個時代也沒有發達的郵政系統，所以這半年不單單是浪費了時間，而且其間其他地區發生了甚麼事情，你全都不知道。

那就一路往回走吧。這一路上遇到的部落，都是曾經被你征服的。這些部落的成員有些很老實，對你很恭順；有些呢，內部發生了叛亂，換了新的首領，見了你就要跟你玩命；還有些部落乾脆就搬家走人了，反正黃河流域那麼大，在哪兒種地不是種。

於是，你這一路上，又是剿滅叛軍，又是調停矛盾，好不容易忙完了，小半年又過去了。終於，你回到了自己的部落，剛要歇會兒，又有商隊帶來了消息：離你最遠的那個部落，又叛變了……

還讓不讓人歇着了！

你的困惑，也是商朝統治者的困惑。

商朝最高的統治者是商王。商王自己統治着一個強大的部落，他四處征戰，把周圍所有的小部落都打敗了。這時的商王，就類似於有超能力的你，見誰打誰，天下無敵。

但是，黃河流域的面積太大了。古代交通不便，商王對遙遠地區的情況基本上是兩眼一抹黑，遠方部落私下裏搞點甚麼小動作，商王根本管不了。

　　那怎麼辦呢？

　　商王一咬牙一跺腳：「管不了啊，那我⋯⋯我⋯⋯我還就不管了！」

　　這就是商朝的真實情況。雖然名義上，商王統治了整個黃河流域，但是，實際上他能直接管理的，只有自己部落附近的一小塊地區，面積大概相當於今天的一個省。[1] 而其他地區的那些部落，商王只要求他們在口頭上表示臣服就行了。

　　這種統治模式，叫作「部落聯盟」，商王就是部落聯盟的盟主。選擇這種統治模式，並不是因為商王有多寬厚，而是因為當時的技術極限讓商王沒有能力控制更遙遠的地區了。

　　顯然，這種統治模式很不牢靠。因為那些小國和部落強大以後，就可以不聽商王的話，甚至還會和他開戰。

　　事實上，商王就是這麼被推翻的。在周邊眾多的部落中，有一個部落叫作「周」。後來「周」的部落強大了，

就打敗了商王，建立了周朝。周王，就成了眾多小國和部落的新盟主了。

等「周」的統治者打敗了商王後，他開始嘀咕了，這商王的統治模式不行啊，要是我還繼續使用部落聯盟的統治模式，那將來也會被其他小國推翻。要是能讓天下所有的小國、部落從此以後都乖乖聽我的話，那該多好啊！

可這是一件有超能力都辦不到的事，周王又能用甚麼祕密武器，才能突破古代技術的極限呢？

周人有甚麼「祕密武器」？

這個「祕密武器」，就是「基因」。

你可能聽說過演化論：大自然非常殘酷，動物在演化的過程中，稍有不慎就會滅種。最後能生存下來的，只有一種基因 ——「竭盡全力讓自己活下來」的基因。

比如說，父母天生就喜歡自己的孩子，我們對親戚也會比對一般人更親近。這就是因為，親戚之間互相保留了一部分對方的基因。在原始時代，幫助親戚有助於延續自己身體內的基因。所以，基因讓我們每個人都擁有「對

親戚感覺很親近」的本能。早在人類還不會說話，還沒有產生文明的時候，這個基因就讓人類以家族為單位團結在一起，共同生活，互相幫助。

既然基因本能可以把蒙昧無知的原始人團結在一起，那為甚麼不能用來團結整個國家呢？

這就是周人發現的祕密。

當然，周人不知道甚麼是基因，但他們從日常生活中感覺到，有血緣關係的人會比沒有血緣關係的人更親密。他們發覺，只要這個人是我的親戚，我也不知道為甚麼，就稀裏糊塗地覺得這個人跟自己更親近一點兒。

之前商王遇到的困難是那些距離他比較遙遠的部落首領不願意聽他的話。周人對此想到的對策是：陌生人不聽我的話，家人可以啊，家人總得向着家人吧？

於是，周朝的統治者就把自己的親戚們封為貴族，讓他們到周邊的部落和小國去當統治者。這些親戚就是「諸侯」，由親戚們管理的各個小國，就是「諸侯國」。

需要注意的是，諸侯國內部的事情周王是不管的。因為當時君王的統治極限就在那裏了，周王想管也管不了。[2] 但是，周王希望這些諸侯能看在和他有血緣關係

的分兒上，乖乖聽自己的話——周王需要他們幫助的時候，諸侯們能夠出錢出兵來支援；周王實力衰弱的時候，他們要保證老老實實地不造反。

周朝的這套制度被稱為「宗法制」。「宗」，就是「家族」的意思；「法」，就是「制度」的意思。因此，「宗法制」就可以簡單地理解成「用管理家族的方式來管理國家」。[3]

所以，周人治理國家的「祕密武器」就是「宗法制」。

因為家族制度是關係到國家制度的大事，所以周人還為此制定了詳細的規則。這些規則有個名字，叫作「禮」；因為它發源於周朝，所以也可以叫作「周禮」；因為它是一個制度，所以也可以叫作「禮制」。[4]

「禮」是我們今天所說的「禮貌」嗎？

「禮」是中國哲學當中出現的第一個重要的概念。

「禮」這個字，我們都很熟悉。比如今天有一個詞叫「禮貌」，它的字面意思是「禮」的「外貌」，套用我們剛才所說的，就是周朝宗法制度的外貌。

舉個生活中的例子。

今天，你參加家族聚會的時候，可能會遇到這麼一種親戚：這些人平時跟你根本不來往，可是他們在你面前非要擺起長輩的譜兒，說話特別不客氣，甚至對你的生活指指點點。如果這是一個在馬路上遇到的陌生人，如果敢這麼跟你說話，沒準兒你都想揍他。可是，在家族聚會的餐桌上，你剛對這位長輩翻了一個白眼，爸爸

媽媽立刻就會數落你：「你這孩子，怎麼跟大人這麼沒禮貌！」

欸？父母這「神邏輯」是怎麼來的呢？追根溯源，應該就是從周朝的「禮」延續下來的。在宗法制度下，「見到長輩必須恭敬」並不是一件權利和義務對等的事，而是一個必須無條件服從的規矩，因為只有這樣，才能維持宗法時代的國家秩序。也就是説，如果長輩教訓晚輩，無論對錯，晚輩都要恭敬地聽着，這就是宗法制度下的「禮」。「對長輩翻白眼」是通過外在行為破壞了「禮」，這麼做不符合「禮」的「外貌」，所以就叫「沒禮貌」。

順便一說，既然「任何情況下都不許對長輩翻白眼」這樣的規矩傳統可以一路追溯到周禮，那是不是就意味着它特別有道理，我們也必須遵守呢？

恰恰相反，正因為它的根源是周禮，所以我們今天反而不用遵守。如今是現代社會了，不再需要宗法制度，講求的是人人平等、互相尊重，如果還拿古代社會的「禮」來約束現代社會的我們，這邏輯才有問題呢。

因此，對於長輩的話我們大可以擇善而從。

「禮」在古代有甚麼了不起和漏洞呢？

區別了「禮」和今天講的「禮貌」，我們接着來説周朝。周朝在建國後，維持了二百多年的和平。

我們用今天的眼光來看周這個朝代，可能會覺得「宗法制」也好，「禮制」也好，其實並沒有甚麼了不起的。這些模式，不就類似於今天的「家族企業」嗎？這裏面有很多的弊病啊。

而且到了周朝末期，出現了「郡縣制」，用今天的話來説，就是靠專職官員來管理國家的制度。這個「郡縣制」可比「宗法制」好用多了，所以今天我們學習歷史的時候，會重點了解郡縣制，對宗法制的印象不是很深。

但是，生活在周朝的人可不這麼看。在周人看來，中國古代的歷史可不是從三皇五帝一直到清朝那麼長的一大串兒，而是從三皇五帝發展到了周朝，只有這麼一段兒。在周朝之前，歷史上所有偉大的君王窮盡他們的努力，用無數次失敗已經證明了任何人都無法突破今天一個省大小的統治極限。結果，周朝的統治者只用了一套新制度就突破了這個極限，把統治範圍擴張到所有他們已知的

人類文明。

　　要知道，當時的周人可不了解歐洲和印度。在他們眼裏，這個世界上所有的人類文明都集中在黃河流域。在他們的觀念中，離這個地區越遠的人類就越野蠻，越沒有征服的價值。所以，在周人看來，他們已經征服了所有的人類文明。

　　放到今天，周人的成就相當於甚麼呢？

　　我們知道，迄今為止，還沒有任何一個國家統治過全世界。假設現在突然有這樣一個國家，也不靠甚麼新科技和新武器，僅僅用了一套新制度就把全世界都統治了，而且順利地統治了二百年，那這套新制度，不就是個奇跡嗎？

　　沒錯，周人甚至許多中國古人就是這麼看待「周禮」的。他們相信，周朝的「宗法制」和「禮」是一個被稱作「周公」的人創造的。在很多中國古人的心裏，這個周公是個像神仙一樣的偉人，他創造了有史以來最偉大的文明和最偉大的制度。

　　結果，到了西周末年的時候，這個「神仙制度」崩潰了。

歷史學家們習慣把周代分成前後兩部分，前面一段叫「西周」，後面一段叫「東周」。其中「東周」又分成「春秋」和「戰國」兩個時期。

「西周」和「東周」這兩個時期的區別是：西周的時候，周王室還很強大，各個諸侯國都服從於周王室，整個社會仍維護着「宗法制」和「禮」；等到了東周的時候，諸侯們越來越不聽周王室的話，「宗法制」和「禮」逐漸走向崩潰了。

為甚麼會出現這種情況呢？

道理很簡單。我們說過，基因的規律是血緣關係越近、基因重合度越高的親戚之間的感情越強烈。可是，一個家族繁衍的後代越來越多，親戚之間基因的重合度就變得越來越小了。說白了，親兄弟之間的關係是挺好的，可是到了這對兄弟的下一代，他們之間的關係就疏遠多了。在周朝，很多諸侯去世後都會把手上的權力直接傳給自己的後代，隨着一代代繁衍，親戚之間的關係也變得越來越遠，基因的力量就可以小到忽略不計了，周王室還想讓這些手握權力的後代、遠親聽話就很困難了。

另外，還有一個重要的原因：血緣親情這個東西和

政治權力相比，力量太弱了。即使在今天，你可能都聽說過，有的親戚之間能為半套房子打得六親不認，那更何況是一國的財富呢？

當然，周人也不傻，他們也知道親情靠不住。所以，周初的統治者不僅設計了宗法制，還把全天下最好的土地都留給了自己。那時的周王讓自己擁有天下最好的

土地——產的糧食最多，能養育的人口最多，因此軍隊也最強大。這樣，其他諸侯就算不講血緣親情，也得屈服於周王武力的威懾。

可問題是，生產力是不斷發展的。日久天長，有些諸侯國的經濟實力漸漸地可以和周王室比肩了。後來，周王室遇到了自然災害，又在對外戰爭中吃了敗仗，那些強大的諸侯國就開始不聽周王的話，不但各個諸侯國之間互相打仗，自行擴充地盤，還根本不把周王的命令放在眼裏。

換句話說，這些諸侯開始帶領他們的臣民不遵守「禮」了。而且，不僅是諸侯自己不遵守「禮」，在諸侯國的內部，一些貴族也開始不遵守「禮」了。因為在周朝，諸侯在管理自己國土的時候，也使用了「分封制」——把一部分土地分給了自己的親戚。這些親戚也有自己的家族，他們對各自的封地全權負責。[5] 既然強大的諸侯可以不聽周王室的話，那麼強大的親戚，自然也可以不聽諸侯的話。於是，在東周的時候，一些諸侯國內部的大家族同樣會去欺負自己的國君，甚至把國君殺了取而代之。

總之，用一句話來概括這個時代，那就是：這是一個不講「禮」，只講暴力，誰拳頭大就可以欺負別人的時代。

　　這世界亂套了。

　　在當時的人看來，這種情況太可怕了：剛才說了，在周人的觀念裏，全世界所有的人類文明都在他們統治的這塊區域裏；周人的「禮」，也是全人類有史以來最文明、最偉大的制度。可現在，「禮」逐漸崩潰了——戰爭和屠殺越來越多，這就意味着全世界唯一的人類文明陷入了混亂，再這麼發展下去，人類的文明都要隨之滅亡了。對於周人來說，這簡直是世界末日。

　　「禮制」崩潰的這段時期，又叫作「春秋戰國」。在這段時期裏，中國出現了第一次哲學思想的大爆發，出現了很多今天我們耳熟能詳的哲學流派。因為哲學流派太多，人們又把這段時期稱為「百家爭鳴」。

　　這些哲學流派最關心的問題是：該怎麼面對這個逐漸走向崩潰的世界？能不能想出甚麼辦法重新恢復這個世界的秩序？

　　世界的希望，就在讀書人的一支筆下了。

知識小結

- 中國哲學的思想源頭出現在周朝，確切地說是西周時期。

- 夏商周時代，統治者們能直接管轄的地區很有限。為了擴大統治面積，周王把自己的親戚分封到其他地區當諸侯，替自己管理國土，這就是「分封制」。

- 周王用管理家族的方式管理天下，這套制度叫作「宗法制」。為了規範周王和諸侯之間的關係，周人建立了「禮」的制度，規定了家族成員之間的長幼尊卑關係，這套制度也被稱為「周禮」。

- 然而，在古代，血緣親情抵不過權力的誘惑。到了春秋戰國時期，各個諸侯國實力強大了，他們開始不聽周王的話，互相攻伐，漸漸地破壞了「禮」的制度，社會變得越來越混亂了。

第 2 章

孔子：比一般人更接近「歷史真相」的「聖人」

「禮」是不是「天經地義」的？

可拯救世界哪有那麼容易。

在好萊塢的電影裏，世界末日的到來都是因為出現了外星人或者怪獸，只要把它們都打敗，就可以拯救世界了。世界要真是這麼容易就能被拯救，那可太好了。

今天的一些學者研究中國古代歷史的時候發現，東周時期「禮制」崩潰的主要原因是生產力的發展導致諸侯國的經濟實力超過了王室。可是，這個原因是我們隔了很多年後，在已經知道了歷史結局的情況下總結出來的。而當時身處歷史之中的人，很難看到歷史的真相。那時的人搞不明白「禮制」崩潰的原因，他們首先需要回答的是一個令人百思不得其解的謎題：一個人類有史以來最偉大的制度，突然間毫無道理地、莫名其妙地就出問題了，這是為甚麼啊？！

既然「禮」這套制度出問題了，那麼當時的人首先要思考的問題是：這個「禮」到底是個甚麼東西？「禮」的根本原理是甚麼？這就跟修機器是一個道理，如果一台機器出毛病了，我們開始修它的第一步，就是先琢磨清楚了，

這台機器是幹甚麼用的，它的運行原理到底是甚麼。

那麼，「禮」的原理是甚麼呢？

對於周朝而言，「禮」的制度是天才之作，運行了二百年都沒甚麼問題。那我們想像一下，假如說現在有一套在人類大半段歷史長河中一直都行之有效的制度，並且這套制度創造了人類最偉大的文明，突然冒出一個人問我們：「這套制度的本質是甚麼？」我們會怎麼回答呢？

最省事、最簡單的答案是：它是老天爺定下的規矩啊，它是天經地義的。

這個回答聽起來一點兒都沒錯。這麼一個開天闢地的制度，它要不是「天經地義」的，可能這麼偉大嗎？這個答案明顯是很合理的嘛！

在春秋戰國的時候，的確有不少人是這麼想的。[1] 但其實，這是一個非常糟糕的答案。

為甚麼呢？

首先，這個答案非常偷懶。任何一套創造了奇跡的理論，我都可以說它是「天經地義」的。物理學能把火箭

---

[1] 參見：《左傳・昭公二十五年》

送上太空，為甚麼它這麼了不起啊？我可以說，是因為物理學符合宇宙運行的規律，是天經地義的。這些話說得完全沒有錯。可問題是，這結論又有甚麼用呢？除了把物理學歌頌了一遍，又提供了甚麼新的信息呢？

更可怕的是，如果「禮」是「天經地義」的，那「禮」就不能被修改。當年西周的統治者給「禮」定下了各種規矩，那這些規矩就變成了「神聖的教條」，必須一絲不苟地去執行。

可是現在明明已經有很多人不遵守這些規矩了，那怎麼辦啊？

如果是較真兒的讀書人看到這樣的社會，那就只剩下生氣了——明明是天經地義的規矩，大家都不遵守，怎麼能不讓人生氣呢？可是僅僅是一位讀書人又能怎麼拯救世界呢？只能氣鼓鼓地寫文章，怒斥這個社會風氣敗壞、思想墮落，這世上簡直沒有一個好人（除了他自己），過夠了嘴癮，然後洗洗睡覺。

這樣能拯救世界嗎？

就在這個時候，有一位讀書人提出了不同的答案。這個人叫作「孔丘」，我們習慣叫他「孔子」。

孔子關於「禮」的想法有甚麼不一樣？

孔子生活在今天的山東省，當時叫作「魯國」。

我們在前面已經知道，周朝是靠家族來統治國家的，這些統治家族叫作「貴族」。貴族的生活一般要比普通人好，出生在貴族家庭的孩子長大了也更容易當官[2]。

孔子他們家就屬於貴族。但是貴族也有苦惱：每一代的貴族人數越來越多，隨着貴族數量一代一代地增多，國家養不起了，就出現了「沒落的貴族」。也就是身份挺高貴，但是家裏沒錢的一羣人。

孔子他們家就是這樣。孔子小的時候家裏很窮[3]，不過他還可以接受基本的教育，尤其是認真學習了「禮」[4]，在孔子的時代，社會秩序已經開始亂了，很多人開始不遵守「禮」[5]，但孔子認為，恢復社會秩序的關鍵就是要想辦法恢復「周禮」，[1] 從而把世界恢復到原來的樣子。

---

[2]　參見：《左傳·宣公二十年》
[3]　參見：《史記·孔子世家》《論語·子罕》
[4]　參見：《史記·孔子世家》《論語·八佾》《左傳·昭公七年》
[5]　參見：《史記·孔子世家》

　　但是，怎麼恢復周禮呢？孔子思考了「禮」到底是甚麼的問題，但他沒有人云亦云，也沒說「禮」是天經地義之類的空話，而是提出了一個全新的觀點。他説，「禮」這個東西，來自人們的內心。[2]

　　換句話説，甚麼叫「禮」呢？

　　在孔子之前的那些讀書人看來，「禮」是天經地義的，類似於今天的自然規律。比如，按照「禮」的制度，兒子見了父親得磕頭，那麼磕頭的這一瞬間，兒子就符

合了「自然規律」。相反,他要不這麼做,社會秩序就會受到破壞。這就跟「熱水燙嘴是自然規律,所以不能喝滾燙的開水,否則嘴巴就會受傷害」是一個道理。既然「禮」類似於自然規律,那無條件地執行就是了。說白了,在這些人看來,兒子見到爹了,只要雙腿一軟,往地上一跪,兩個膝蓋骨這麼一着地 —— 好!這就世界大同、社會穩定了。

但是,孔子不這樣看。孔子認為,「禮」的關鍵是人內心的想法,具體來說,是一種「我要對別人好」的善念。孔子給這個善念起了一個名字,叫作「仁」。[3]

舉個例子。還是剛才那個兒子見到父親了,當他正要往下跪的時候,孔子會大喊一聲:「你先別跪!先摸着良心自己想想,你是不是真的尊敬你的父親?」如果這個孩子有「尊敬父親」的念頭,即使不跪,這個世界也能和平;如果他沒有這個念頭,就算跪到天荒地老也沒用。

當然,在孔子看來,人心中的「仁」和外在的「禮」是不衝突的。[4] 一個人只要能在心裏有「仁」,自然就會在行為上表現「禮」——一個心裏有「仁」的兒子,見到父親自然就會磕頭。但是,如果環境變了,比如社會上

表示尊敬的禮儀不是磕頭而是鞠躬了，那心裏有「仁」的兒子見到父親鞠個躬，也叫「禮」，這樣，社會便不會混亂，世界也不會毀滅。[5]

說到這裏，我們來總結一下：孔子認為，拯救世界的關鍵是恢復「禮」。對於「禮」，外在的儀式不重要，內心能不能存有善念「仁」，才是最重要的。

你可能覺得，孔子的想法也沒甚麼了不起的。這不就是說「做事得真誠，得表裏如一」嗎？這不是小學生都知道的道理嗎？

但在孔子那個時代，這些想法的確很了不起。了不起的地方在於：孔子比當時所有讀書人都更接近歷史和當時現實的真相。

我們說過，周朝的「禮」是建立在血緣關係上的。人類的血緣關係又來自基因賦予我們的本能。而孔子說，「禮」在本質上來自人的內心，這和我們今天的科學結論不謀而合。

那麼，孔子怎麼來解釋「禮」正在走向崩潰呢？同樣是人，為甚麼有的人「仁」，有的人不「仁」呢？

孔子認為，人的本性是很相近的，但由於後天的環境和學習效果不同，人和人的行為習慣才有那麼大的差別。這就是《論語》裏所説的：「性相近也，習相遠也。」⑥也就是説，後天的環境和學習效果會影響人是否遵守「禮」。孔子的時代，為甚麼社會變得如此混亂呢？那是因為很多人沒有受到好的教育和影響，因此不夠「仁」，所以社會的「禮」隨之崩潰了。

那麼，在孔子看來，該怎麼拯救世界呢？

辦法很簡單——大力發展教育，提高全社會，特別是貴族們的道德觀念。人們心中「仁」的水平提高了，全社會「禮」的水平也就提高了。如此，當前混亂的社會就能像從前的「周」那樣恢復和平了。

這個邏輯聽着完美吧？不過，聽完這個結論，你是甚麼感覺？「拯救世界的方案是推廣教育」，這結論未免有點兒太普通了吧！

教育很重要，這話是沒錯。可問題是，這都是甚麼節骨眼兒了啊？世界不都快毀滅了嗎？假如在今天，世界

---

⑥　參見：《論語·陽貨》

秩序逐漸走向崩潰，眼看就要世界大亂了，結果忽然站出來一位學者振臂高呼：「我們要發展教育！我們要用教育拯救世界！」我們聽了是甚麼反應？恐怕只能豎起大拇指說：「您心態真好！但是請您先坐下……」如此緊急的情況下，我們需要的是立竿見影、行之有效的措施，您還想着多辦點兒補習班甚麼的，怎麼可能立刻改變世界啊？！

可是，在孔子的時代，恰恰是他的主張帶來了一場能夠改變世界的「革命」。

孔子的主張能解決甚麼問題？

我們已經知道在周朝，有貴族和平民的區別。

貴族家的子女生下來就可以接受良好的教育，長大了做官的概率也很高；而普通人家的孩子就沒有這麼多優越的條件。

以今天的眼光看，這是一種欺負人、不公平的制度。貴族和老百姓都是一樣的人，不應該被分成三六九等。但是，在中國古代很長一段時間裏，人們都覺得貴

族高人一等是很合理的。

為甚麼呢？

道理很簡單。那時，只有貴族才能接受教育，當時的著作幾乎都是貴族寫的，傳道授業的老師也都是貴族，他們說的話、寫的文章自然也是向着貴族的。每一代年輕的貴族所能接觸到的著作、老師，都在說貴族如何如何好，他們本身也是貴族，那誰還會懷疑「貴族更高貴」這個結論呢？

更要命的是，窮苦人因為缺乏教育，他們思考問題的深度、對社會規範遵守的程度，往往都不如貴族。這就更加印證了貴族們的偏見：「我們貴族確實天生高貴啊！你看那些平民百姓，他們的確比我們笨，比我們沒素質，這有無數活生生的例子啊！」

我們想想，如果今天有一個觀點，既有全國所有權威學者的一致支持，又有我們身邊無數可以親眼目睹的證據，那這個觀點還有甚麼可懷疑的嗎？

因此，「貴族更高貴」這個觀點，在孔子那個時代，就是不容置疑的。

那誰有能力去質疑呢？哲學家。因為哲學家有邏輯。

孔子認為，一個人是不是遵守「禮」，關鍵不是看他外在的身份和行為，而是看其內心的「仁」。那麼，顯而易見的推論是：決定一個人是否高貴的不是他的身份，而是他的內心。

在孔子的時代，有一個詞叫「君子」。「君子」原本的意思是貴族，指的是那些天生血統和地位就高貴的人。但是，孔子修改了「君子」的定義，認為只有那些品德高尚的人，才是真正的「君子」。[6]

而且在孔子看來，這個世界上最理想的人還不是「君子」。在「君子」上面還有一個等級，叫「仁人」；在「仁人」上面，還有「聖人」。這些人，都是按照道德標準區分的，和他們的身份、血統一概無關。

孔子的理想是由「君子」「仁人」「聖人」們來掌控世界、掌握權力。這樣，世界就可以恢復周禮，恢復和平了。

孔子不光是嘴上這麼說，他自己也是這麼做的。孔子有一句名言，叫作「有教無類」⑦。它的意思是：不論血

---

⑦　參見：《論語・衛靈公》

統，不論出身，人人都可以接受教育。孔子自己招收的學生裏，各種身份的人都有，既有貴族，也有平民，他還鼓勵這些學生學成之後，去各個諸侯國當官。

孔子這是要幹甚麼呢？他是在破壞舊的社會結構，建立新的社會結構。[7]

從表面上看，孔子是個很保守的人，他處處都在維護「舊」制度，張口閉口都是「恢復周禮」。實際上，他已經破壞了「周禮」，把當時的「以血統論貴賤」一筆抹去，變成了「以道德論貴賤」。

這個評判標準，在孔子之後一直延續了下來。當然，在整個中國古代史裏，「血統」好的人還是可以「佔很多便宜」。比如，可以享受更好的生活，獲得更好的教育資源，擁有更多的社會機會，甚至在隋唐以前，很多權貴家族的孩子不需要認真考試就可以隨隨便便當大官。

但是——這個「但是」很重要——最起碼在口頭上、在名義上，人們都承認道德比血統更重要。那些權貴子弟能當上大官，至少公開的理由是因為他們「賢良」。這個「口頭承認」，就給後來的科舉考試，特別是給貧寒家

庭的孩子進入上層社會留下了一個窗口。從這個角度講，孔子給了中國一個更光明的未來。

孔子的價值，還不止於此。

孔子是怎麼讓中國古代思想拐了個彎的？

如果你喜歡看外國的電影和小說，可能會發現一個有意思的現象：在西方文化裏，「信神」這件事特別重要，他們曾經認為「神」可以指導生活裏的一切。但是在中國文化裏，「神」的地位就不是很高。比如，不少中國古人只是把神仙當成滿足願望的工具，有所求的時候才想起來拜神，甚至還會拿神仙開玩笑。

為甚麼中西方文化的差別會這麼大呢？

其實，在最早的時候，在「信神」這件事上中西方並沒有這麼大的差別。商朝人就很虔誠地相信「神」，只是到了後來，中國古人的觀念發生了一次大拐彎，從此以後，中國人對「神」的信仰才發生了轉變。

這個彎，就拐在孔子的時候。

為了說清楚這次拐彎，我們先要說清楚應該怎麼看

待「信神」這件事。

我們今天在學校裏習慣使用的是這麼一組概念：「科學」和「迷信」。

在很多人的印象裏，「科學」指的就是相信物理、化學，認為這個世界上沒有神、沒有鬼；「迷信」呢，就是相信世上有神有鬼，比如相信占卜之類的東西。

用這組概念來理解今天的世界，沒有太大的問題。但是，要用這個思路去理解古人的世界，這就麻煩了。你會發現，這天兒就沒法往下聊了──古人根本沒有發達的科學知識。幾乎每個古人，包括那些飽讀詩書的讀書人在內，他們都相信世界上存在鬼神，動物能成精，占卜能預測未來。

舉個例子。

你可能聽說過，東漢思想家、《論衡》的作者王充是一位無神論者，他認為世界上沒有鬼神。但是其實呢，王充是相信世上有鬼神、有靈魂、有妖怪的[8]。用今天的話說，他反對的不是「世上有鬼神」的基礎世界觀，他跟

---

[8]　參見：《論衡・紀妖篇》

別人爭論的是「人死之後會不會變成鬼」之類的具體問題。

那麼，按照「相不相信世上有鬼神」的標準來判斷，這個王充也很迷信。那就更不用說其他古人了，他們自然都很迷信，他們的觀點也就不值一提了。

但是，如果我們換個角度來理解「科學」和「迷信」這組概念，對古人觀念的理解就能更清楚一點兒。

甚麼角度呢？

「科學」的真正意思，並不是指某個標準答案，並不是說相信「牛頓定律」就一定科學，相信有超自然現象存在就一定不科學。「科學」指的是一種研究世界的方法：重視證據，重視邏輯，一切結論都以證據和邏輯為依據，同樣可以通過這兩個方面去質疑。

「迷信」的真正意思，指的也是一種認識世界的方法，只不過是迷迷糊糊地、盲目地就相信了，這種「信」不重視證據和邏輯，從不質疑。

理解了上面的內容，我們就可以用一組新的概念來表示「科學」和「迷信」的區別。這組新概念是：「低一頭」和「平等」。也就是說，在面對外在世界的時候，我們是比它「低一頭」，還是和它「平等」的。

咱們拿鬼神來舉例子。同樣是相信這個世界上有鬼神，也有兩種不同的「信」法：如果是「低一頭」的人，那麼他面對鬼神的時候，恐懼鬼神的權威，只知道跪下來討好求饒，祈求鬼神不要懲罰他，最好時不時再給他一點兒好處。

如果是「平等」的人，那麼他面對鬼神的時候，則是站起身來，湊到鬼神面前仔細觀察，琢磨一下這些鬼神都有甚麼生理特徵、作息規律，厲害在哪兒，弱點是甚麼，想想自己能有甚麼辦法在面對鬼神的時候不吃虧，甚至還能佔點兒上風。

如果使用這組概念的話，那麼王充就是典型地站在「平等」這一邊的人。

大部分古人談論鬼神，都是這個畫風：「哎呀媽呀不得了了，這世上有鬼神呀，鬼神能賞善罰惡，咱可不能做壞事呀！」

王充是甚麼畫風呢，有鬼是吧？來，咱研究研究，這背後有甚麼邏輯。比如，在王充寫的《論衡》中記錄了一個傳說，用現在的話講出來是這樣的：有人在路上遇見了一個長得和人差不多的神仙，這個神仙說自己是山神。

聽到這裏，王充就較真兒了，他說，這裏邏輯不對啊，按照古人的觀念，人死後，身體裏的精神能變成鬼，而且這鬼長得還像人；那按照這個邏輯，山如果變成神了，那不是應該長得像山嗎？至少也不能是人的模樣啊？⑨

再比如，周朝的時候有兩個大臣被君王給冤殺了，後來有人傳說這兩個大臣死後變成了鬼，為了報仇，把殺他們的君王給害死了。這是一個古代挺常見的講因果報應的小故事，但是王充聽後又開始「吐槽」了——

他說，這事不對啊！我們要恨一個人，要殺對方，那是想讓對方在我們面前消失，對吧？這個君王和鬼原本不在一個世界裏生活，結果這兩位大臣把這個君王殺死了，這君王不就成了鬼，反而和冤死的兩個大臣聚到一起了嗎？而且這君王原本地位就高，一旦變成了鬼，不就又可以迫害這兩位大臣了嗎？那你說這兩位大臣是不是有點兒傻？⑩

我們不討論其中的邏輯細節成不成立，我們關注的

---

⑨　參見：《論衡・紀妖篇》
⑩　參見：《論衡・死偽篇》

是王充對待鬼神的姿態：是平等的，是持研究態度的。那些鬼神在王充面前，就跟他去觀察老虎、大象一樣，並沒有甚麼區別。

如果用「低一頭」和「平等」這組概念重新來看待中國古代思想史，我們會發現，古人的世界觀在周朝發生了一次轉變。在周朝之前的商朝，人們面對鬼神是「低一頭」的姿態，而在春秋以後，讀書人對待鬼神乃至整個宇宙的態度都開始趨向「平等」。而這個變化的過程，在周朝就已經出現了。

商人認為，這世界上存在無所不能的「天帝」。人們只有努力討好「天帝」，才能過上好日子。

周人打敗商王朝後，發現商人的觀念有問題。因為當時周人獲勝後，實際控制的只是一小塊土地，附近還有很多商人的領地以及其他一些小國無法操控。這些人只是臣服於周王，並沒有被徹底消滅。那麼，在一個人人都相信這世上存在超自然力量的時代，周王怎麼向這些人證明周王朝是受到神靈保護的呢？如果仍舊相信「天帝」的話，周人怎麼讓大家確信，「天帝」是絕對站在周人這

一邊的呢？

周人想到的辦法是不再信奉某個具體的神，而是改成信奉抽象的「天」。這個「天」，就是咱們俗稱的「老天爺」，也是「這世上還有沒有天理」的那個「天」。

「天」的特點是，它不像商朝的「天帝」那樣喜怒無常、為所欲為，而是按照固定的道德規則行事。人間的統治者做事符合道德標準，「天」就會對他好，就會讓人間國泰民安；否則，「天」就會降下災禍。[8]

利用這套理論，周王就可以解釋為甚麼能消滅商王朝了。那是因為周王品德高尚，商王品德敗壞，所以，周王得到了「天」的護佑，取得了勝利。

自從有了這個「天」，周人面對老天爺的視角，就逐漸變得「平等」了——既然「天」遵守着固定的道德規律，那也就意味着人可以利用這個規律實現自己的目的。

但是在周朝早期，人們對鬼神、對「天」的平等意識，還是懵懵懂懂的，仍有很多人習慣於「低一頭」。真正把「平等」這件事說清楚、弄明白的，正是孔子。

孔子也相信這個世界上存在超自然力量，這個力量被古人稱為「天命」。在孔子的眼裏，「天命」類似於一種

自然規律，他認為，「天命」不可更改，君子一定要了解「天命」。

孔子這種對待「天命」的態度，就不是「低一等」的姿態，而是類似於我們今天對待物理定律的態度：物理定律雖不可違背，但是我們可以去了解，了解之後就可以加以運用。[9]

更重要的是，孔子認為，改變這個世界，讓世界恢復秩序的關鍵不在於「天」，而在於每個人心中的「禮」和「仁」。而且不是某幾個王公貴族心中的「禮」和「仁」，而是全世界所有人，是你、是我，是每一個人心中的「禮」和「仁」。

所以，在孔子這裏，人類面對世界的姿態是徹底「站起來」的：我們不僅可以研究世界的規律，而且可以決定世界的興亡。這世上從來就沒有甚麼「救世主」，每一個人都是「救世主」。世界的命運，就在我們自己的手裏。

從此以後，中國古人對待鬼神、「天」等超自然力量的態度，就和歐洲人不一樣了。

實際上，在歐洲，人和神的關係曾經也有一段時間是「平等」的。那是在古希臘時期，那時的學者用理性去

研究世界，覺得一切都是可以討論、可以研究的。但是後來，歐洲人在很長一段時間裏變成了「低一頭」的姿態。他們對神的態度，變成了「正因為荒謬，所以才相信」── 別思考，別研究，別質疑；閉嘴，低頭，相信，就完了。

最終，這個對神「低一頭」的「傳統」成為了歐洲進入現代社會最大的負擔。而中國人，則在很早的時候就擺脫了這種束縛，開始專心致志地探索人間。[10]

孔子就是這樣將中國古代哲學思想成功地拐了一個彎，中國哲學，從此成為活在人間的哲學。[11]

如果沒有孔子會怎樣？

好，現在做一道加分題。

我們剛才一直在說孔子有多麼偉大。那麼，假如現在我有一台時光機，可以回到過去，把孔子從歷史中抹去，從此以後，這個世界上再也沒有孔子這個人，那麼你說，中國歷史會發生甚麼變化？

再具體點兒，中國歷史會不會徹底改變？會不會從

此一直延續貴族時代，此後的帝王們都按照血統選擇官員？會不會從此中國人和西方人一樣有了「信神」的傳統，一代代讀書人都跪在祭壇前站不起來？

當然不會。

這裏涉及一個有意思的問題：思想史是怎麼寫成的？

我們在談論中國思想史、哲學史的時候，為甚麼幾乎每一本書都會把孔子放在非常重要的位置？難道是孔子一出生，就毫無疑問地在中國歷史上留下了自己的位置嗎？是不是類似下面的場景——

孔子活着的時候就被萬眾敬仰，他一張口說話，聆聽他教誨的人就如同被一道閃電咔嚓一下劈着大腦了，立刻跪在地下痛哭流涕：「哎呀，您真是字字珠璣，連標點符號都是真理！您這觀點必須改變世界啊！我們在此發誓，中國思想史從您這兒起，就徹底拐彎了！」真正的歷史是這樣的嗎？

當然不是。孔子活着的時候，就類似於我們今天全國知名的專家學者，是當時眾多「知名學者」中的一個，有點兒名氣。但是，在同時代，比他有名的人還有很多。孔子死後，他的影響力也只是一般，直到去世幾十年後，

他的弟子們才把他的言論收集起來，彙編成一本「孔子言論集」，也就是今天廣為人知的《論語》，孔子才漸漸聲名大噪。而《論語》一開始也不是那麼偉大的著作，只是眾多「學術著作」中的一本而已。

一直到了漢朝，在人們已經經歷了很多時事變遷，積累了很多歷史經驗教訓後，才意識到孔子的一些話是非常有道理的。後來的許多讀書人覺得應該沿着孔子的思路繼續鑽研，於是他的地位才越來越高，乃至最後被封為「聖人」，成為了中國絕大部分思想史、哲學史著作中都必須要談論的人物。

這就是説，不是因為孔子一言興邦改變了歷史，讓他變得這麼有名；而是後來歷史的發展印證了孔子的觀點、學説的正確性，人們才想起來去抬高他的地位。假如孔子死後，歷史朝着另一個方向發展，他就不會成為「聖人」了。

也就是説，是歷史證明了孔子，而不是孔子創造了歷史。

中國從春秋戰國開始，逐漸打破了貴族對權力的壟

斷，不再靠血統來任命官員。這並不是因為孔子說了一句：「君王應該任命賢能的人！」當時的君王們聽了一拍大腿：「說得太對了！」就都改了。真正的原因是諸侯之間戰爭激烈，君王們發現，只有打破貴族制度，按照功勞、品德而不是血緣分配權力和財富，才能最大化地強大國力，才最有可能讓自己的國家在亂世中生存下來。

後來的讀書人勇於挑戰神靈，這也不是因為孔子說了些甚麼。就算沒有孔子，中國人還是會「站起來」的。

如果歷史上沒有孔子，還會有其他人說出和他類似的話，代替他在歷史中的位置。

所以，我們說孔子是「聖人」，這個「聖人」是歷史後來認定的，而不是孔子本身有甚麼神聖的地方。

如果我們真把孔子本人當成「聖人」了，那就意味着孔子說過的每一個字都是真理，每一句話都只能去學習而不能被質疑。可別忘了，正是孔子讓我們能「平等」地面對權威。就因為他說得對，我們就「撲通」一下又跪下去了？這顯然沒有踐行孔子的主張。

孔子是怎樣一位「聖人」？

　　如果繼承孔子的精神，能平等地看待他，那麼，孔子就是春秋時代比一般人聰明一點兒的普通人——他以自己有限的知識，針對當時的社會發表了一些看法。在孔子去世以後，他的弟子們收集整理了他生前的言論，編成了《論語》。

　　《論語》裏記錄的東西是孔子平時和弟子們上課、聊天時説過的話，而不是經過嚴謹思考後的系統寫作，也沒有經過他本人編訂修改，所以很可能保留了一些孔子自己並不同意的內容。

　　更要命的是，春秋戰國時期書籍的數量太少，人們在傳抄書本的時候，缺少資料互相印證，很容易抄錯。而且秦始皇統一六國後，銷毀了大量書籍，《論語》只留下來幾本，後世傳抄錯誤的可能性就更大了。

　　面對這麼一本可能有很多疏漏的「言論集」，我們當然不能傻等着「讀書百遍，其義自見」，那是孔子反對的「低一頭」的學習方式。我們也不能死記硬背，背完了全文默寫，那叫作「學而不思」，也是孔子反對的學習方

式。那孔子提倡的「平等」的學習方式是甚麼樣呢？

那就是把孔子當成一個普通的老師。你可以想像，在你家隔壁住着一位退休的老教授。老爺子一輩子不得志，吃過苦、挨過餓⑪，一直熬到退休了，還保持一副讀書人的做派。這位老爺子喜歡看書，喜歡聽古典音樂⑫，還特別注意自己的儀表。夏天的時候，別的老大爺都穿得很隨意，背心褲衩的穿搭很常見，可這老爺子哪怕是下

---

⑪　參見：《論語·衛靈公》
⑫　參見：《論語·述而》

樓取個快遞，也得正正經經地穿着襯衫之類的夏裝。[13] 老爺子待人接物也很周到，在小區裏碰見了，打老遠就和你打招呼。但是呢，老爺子也有讓人討厭的地方，他講吃講穿，從不吃外賣[14]，每頓飯得請阿姨專門給他做。飯做好了，他還挑三揀四，説説這菜的顏色對不對，講講那菜的刀工好不好[15]，惹得做飯阿姨背後沒少説他閒話。

就是這麼一個老大爺，有時在樓下碰見了，隨便和你聊幾句天，這些話裏哪句有用，哪句沒用呢？

比如，有一天，老爺子感歎了一下現在的社會道德風氣，説了一句：「己所不欲，勿施於人。」你一聽，欸，有點兒意思。這是一個挺簡單的道理，但是現在好多人做不到啊，老爺子這話説得對！你就把它記下來了。

又有一天，老爺子忽然説：「學而不思則罔。」感歎讀書得動腦子思考。你一想：這話學校的老師天天説啊，在今天這就是一個常識啊，我最大的困惑不是該不該思考，而是具體應該怎麼思考。你再想追問一句呢，結果

----

⑬　參見：《論語・鄉黨》
⑭　參見：《論語・鄉黨》
⑮　參見：《論語・鄉黨》

老爺子已經關門回屋了。那接下來你該幹嗎呢？是站那兒搖頭晃腦地品味這句話的滋味，然後回屋寫一篇一萬多字的論文研究這句話到底有甚麼深意嗎？當然不是了。正常人的反應是把這句話拋在腦後，以後在學習中遇到類似的困惑，去問學校裏的老師，去學習那些更現代、經過更多人檢驗的學習方法。

再比如，還有一天，這回老爺子可氣人了啊，聊着聊着，衝你來了一句：「唯女子與小人難養也。」[16] 這意思是說女人太難伺候了！這話一聽你就生氣了，歧視女性，這和今天的倫理觀念相悖啊。可是呢，我們也要理解，因為在孔子生活的時代全社會都歧視女性，他還曾經把自己的女兒、姪女當作禮物一樣送給了別人。可這在今天屬於犯罪，而在當時卻符合社會規範，所以老爺子這麼想也不意外。那麼，對於這種在今天看來明顯是錯的話，我們就怪老爺子思想太陳舊，打個哈哈，忘了就好，別往心裏去。對於這件事你就此翻篇，而不是回屋又寫了一大篇一萬字的論文，見誰跟誰說：「老爺子是『聖人』，他

---

[16] 參見：《論語・陽貨》

怎麼能說出那種話呢？他不是這個意思！」

　　好了，我們再回來繼續說歷史中的孔子。

　　在孔子生活的時代，他的觀點雖然有一定的影響力，但是沒有一個君王打算真的聽他的話。

　　道理很簡單。孔子的夢想是靠人人自覺地實踐「仁」來恢復周禮，從你做起，從我做起，人人都仁義，人人都講「禮」，這個世界就美好了。

　　聽着是挺好，可是這裏有一個漏洞：在一個人人都不講「禮」的時代，誰講「禮」，誰就會吃虧。

　　有一個非常有名的故事。話說在周朝早期的時候，在各個諸侯國裏只有貴族才能上戰場，而且各個國家的貴族之間多少都沾親帶故，所以打仗的時候，有很多客客氣氣的規矩，比如敵對雙方要互相問好，比如對方敗了不能窮追猛打。總之，就是要互相保留體面，手下留情，這也是「禮」的一部分。

　　到了春秋時期，有一個君王叫宋襄公。一次，宋襄公帶領軍隊和楚國人打仗。宋軍已經擺好了陣形，但是楚軍還在過河。這個時候，宋襄公的大臣就建議他說，

現在楚軍只有一小部分人渡過了河，咱們應該趁這個機會立刻出擊，以少勝多。可是宋襄公拒絕了，因為按照「禮」，不應該依靠地形的優勢佔敵人的便宜。後來，楚軍渡過了河，但是還沒有擺好陣形。宋襄公的大臣又勸他趁機進攻，他又拒絕了。理由是，在敵人沒有擺好陣形的時候進攻，這也不符合「禮」。再後來，楚軍擺好了陣形，就把宋襄公打敗了。這宋襄公回去之後，還受到了自己人的埋怨。[⑰]

這件事從道理上講，宋襄公並沒有錯。在今天，連小朋友都知道，做人應該講道德，應該守規矩。宋襄公遵守的是過去的「禮」，是老規矩。這人放到今天，就是一個寧可繞路不踩草坪、寧可遲到不插隊的人，這有甚麼錯呢？

可是，戰爭最殘酷的地方是沒有人會因為你遵守道德給你加分，為你讓路。在戰爭中只有輸贏。孔子給君王們提供的建議是守「禮」，可是君王們關心的是怎麼能夠打勝仗。這就像一個德育老師向足球隊員們強調賽場上一

---

⑰　參見：《史記・宋微子世家》《左傳・僖公二十二年》

定要講禮貌一樣，你也不能說德育老師說得不對，但是你也不能指望着足球隊員們在球場上互相謙讓吧？

孔子生前曾經四處拜訪國君，「推銷」自己的觀點，但是沒有一個君王真心重用他。最後，孔子在失望中去世。天下沒有恢復孔子所期望的秩序，反倒是一天比一天更亂，戰爭越來越多。

等到這世界亂到一定程度的時候，一個新的社會組織出現了。

● 面對春秋亂世，孔子希望能恢復「周禮」。

● 孔子認為，「禮」來自於人內心的善念「仁」。「禮」外在的形式不重要，內心有沒有「仁」最重要。

● 孔子打破了周朝貴族制度的觀念，認為人的高低貴賤不看血緣高貴與否，而在於能不能遵守「禮」和「仁」。

- 孔子肯定了人的價值。在孔子看來，拯救世界不需要崇拜神靈、仰仗權貴，只要做好自己，人人都是世界的「大救星」。

- 但是，孔子認為「禮」和「仁」可以恢復東周秩序的主張，不適合時代的需求。最終，孔子的主張並沒有被君王們採納。

經典原文

- 《論語·八佾》：「周監於二代，郁郁乎文哉！吾從周。」

  這是孔子的政治理想。他欣賞周朝的制度，宣稱自己要遵從它。

- 《論語·衛靈公》：「有教無類。」

  這是孔子的教育主張。他認為，教育不分對象，人人都有受教育的權利。

- 《論語·里仁》：「朝聞道，夕死可矣。」

  《論語·雍也》：「一簞食，一瓢飲，在陋巷，人不堪其憂，回也不改其樂。」

  這是孔子的生活態度。他嚮往並稱頌安貧樂道的生活，認為精神的豐富可以抵禦物質的貧乏。

第 3 章

墨子：站在孔子對面的「平民代表」

春秋時期出現了甚麼新事物？

　　原始時代，生存環境十分惡劣，原始人必須結合成一個團體，才能在殘酷的世界裏活下去。

　　但是，原始人中並不是隨便幾個人就能結成這樣的團體，他們「組團」有個特別的要求：不允許有自私的人出現，否則這個團體很快就會崩潰。因為這個條件太苛刻了，所以在原始時代，人們只能依賴於自己的家族，很少依賴陌生人；還因為原始人不怎麼會説話，所以陌生人之間不知道該怎麼交流，也就很難建立彼此之間的信任關係。

　　等到了春秋戰國時期，情況就不一樣了。

　　當人們掌握了複雜的語言後，陌生人之間也可以很順暢地相互承諾、交流感情。就是説，不一定非要有血緣關係，也可以建立起互相信任和幫助的小團體，尤其是在家族沒法保護個人的時候，這樣的小團體就更有必要了。

　　在古代，隨着社會結構越來越複雜，很多平民百姓失去了家族的保護。比如從事手工業、採礦業、交通業

和商業的人要離開家鄉去其他地方謀生，就得不到家族的保護了。另外，還有一些人和家族之間發生了矛盾，不得不離家出走，再加上戰亂、盜匪和災荒等因素，也會造成大量缺少家族庇護的「流動人口」。

這些平民百姓都希望能有一個類似家族的互助團體來保護自己。既然大家都有這個需要，那麼，很自然地，這些人就聯合起來，自己保護自己，組成了一個個民間的互助組織。在古代，凡是官府和家族管不到的地方，都會有這樣的組織。

比如古代的官府很難管理流動人口，所以運輸和走私行業裏，就有漕幫、鹽幫；官府也難以控制荒郊野嶺這些「盲區」，所以山林裏有土匪、強盜、綠林好漢……這個現象在今天的生活裏也存在：在學校課間的走廊裏、在放學後學校的角落裏、在週末同學的聚會中，只要是老師、家長管不到的地方，就一定會形成學生自發組織的小團體。

當然，這些小團體和古代的幫會不同。因為我們生活在一個可以隨時「告老師」「告家長」，可以隨時報警的

時代。所以，那些會觸犯校規和法規的事，這些小團體都幹不了。但是，並不是所有的事情老師、家長和警察都管。很多小事，比如，誰誇了誰、誰罵了誰、誰傳了誰的壞話、誰鬧着玩被推了一下、誰有意無意踩髒了誰的作業本……這些家長和老師不會親自去管的「小事」，就由學生自發組織的小團體去處理。

春秋戰國時期的社會也是這樣。當時，因為經濟發展，社會上已經出現了很多脫離家族的商人、手工業者。再加上戰亂讓很多人流離失所，這就導致社會上出現了很多平民百姓自發組織的小團體，他們一起生活、互相幫助。

在這些團體中，最成功的領導者是一個被我們叫作「墨子」的人。墨子不僅成功地建立過幾百人規模的民間組織，還試圖把他領導團隊的經驗總結成哲學理論，推廣到全天下。

在當時的社會裏，墨子的身份地位比孔子低。我們知道孔子是個沒落的貴族，雖然沒落，但好歹還是貴族，

一輩子為生計發愁的次數不多。墨子不一樣，按照今天的說法，他是個底層勞動人民，在社會裏摸爬滾打過。[①] 所以，墨子看待這個世界的視角，和孔子完全不一樣。

怎麼個不一樣呢？孔子是站在貴族的角度「居高臨下」看的，所以孔子談論的動不動就是「周朝的制度是甚麼」「一個貴族應該怎麼做」，喜歡談論的是這些聽起來很高端的「上層建築」。

孔子的生活經驗來自貴族的家庭生活，這種生活是溫情脈脈的，所以孔子一省察自己的心理活動，就發現了人和人之間的愛應該來自於親情。

墨子則完全不一樣。[1] 墨子處於當時的社會底層，他和他的弟子組織了幾個數百人規模的小團體。[②] 這些小團體都是自發組織起來的，這就和之前人們熟悉的大家族完全不一樣。墨子在這樣的團體裏，體驗到了一種全新的社會關係：普通成員之間人人平等。

我們都知道，家族成員之間是不平等的。家族成員

---

① 參見：《墨子‧貴義》
② 參見：《墨子‧公輸》《呂氏春秋‧離俗覽》《淮南子‧泰族訓》

靠血緣關係連在一起，自然就有長幼尊卑的次序。可是，民間的自發組織就不能這樣了，加入這些組織全憑自願，誰願意一來就低人一等呢？

更重要的是，自發組織的團體的核心功能是「互助」，每個成員都要承擔相同的責任和義務。所以古人在「拜把子」或拉幫結夥的時候，喊的口號都是「有福同享，有難同當」。這個「同」字，就是說大家都是一樣的，也就是平等的——我應該對每一個人都好，每一個人也都應該對我好。

用墨子的話說，這種平等互愛的狀態，叫作「兼愛」，這是在大家族裏見不到的東西。墨子發現，這種兼愛的狀態，可比家族好多了啊。

家族是靠血緣關係聯繫在一起的，有血緣，就會有遠近親疏。所以站在孔子那一派的人認為，人和人的愛是有差別的。我們最愛的是自己最親近的人，比如父母、子女；然後再愛和自己關係遠一點兒的人，比如遠親、近鄰；最後，如果再有餘力的話，我們才會去愛陌生人。這種由近及遠的愛，用另一個中國古代思想家、哲學家孟子的話來說，叫作「老吾老，以及人之老；幼吾幼，以

及人之幼」③。

　　墨子發現，孔孟的理論看上去是在主張「愛天下所有人」，但其實有漏洞：人和人之間總會有利益衝突。那麼，假如我親近的人和陌生人之間發生了衝突，那不是應該幫助我親近的人去對抗陌生人嗎？那這實際上還是會引發人和人之間的矛盾。就好比世界上發生的那些戰

---

③　參見：《孟子・梁惠王上》

爭中，戰爭雙方不都是聲稱「我上戰場是為了保護我的親人、保護我們國家的婦孺」嗎？那這有等級差別的愛，不還是會引起天下大亂嗎？

因此，墨子就認為，我們應該推廣「兼愛」，如果全世界每個人都能平等地愛別人，才可以真正實現世界和平。④

這「兼愛」聽起來確實是挺好，可問題是：它能實現嗎？

春秋戰國時期明明是一個戰火不斷的亂世，在這個人對人越來越殘忍，人心越來越陰暗的時代，怎麼可能讓天下人說愛就互相愛起來了呢？

墨子也覺得這是一個問題，在他的作品裏，有很多對「兼愛」的質疑。其中他質疑最多的就是：這玩意兒能實現嗎？

墨子還是認為：能。因為他在民間自發組織的團體裏發現了一個人類社會的祕密。

④　參見:《墨子・兼愛上》

墨子認為「不被欺負」的祕訣是甚麼？

在上個世紀八十年代，曾經有一個很有名的實驗。實驗者模擬了人們互相交往的過程，想研究採取甚麼樣的溝通策略，對自己的好處最大。

最後獲勝的策略非常簡單，叫作「以牙還牙」。

簡單地說，就是你做的任何事，都模仿對手上一輪對你做的事：對手上一輪對你好，你這一輪就對他好；他上一輪傷害了你，你這一輪也傷害他。凡是採取這個策略的人，在社交中能得到最多的幫助，受到最少的傷害。

這個結論非常符合我們的生活經驗：在一個沒有規則的世界裏，我們怎麼能儘量多交朋友、少被欺負呢？方法就是我們用實際行動告訴所有人：我是個有恩必償、有仇必報的人。那麼，別人為了他自己的利益最大化，也就只能儘量對我好了。

在原始時代，這個策略就是生存的最佳辦法。所以，我們人類在演化的過程中，都留下了強烈的「報復」本能。你可能有過這樣的體驗：某天，你突然想起來好多年前一件被別人欺負的事，於是，你突然怒從心頭起，

情緒激動得不得了，恨不得穿越回去把那個人揍一頓。這突然燃起的無名之火，正是這個策略給我們留下的本能。

但是，要注意啊，這個策略是有使用範圍的，只有在缺乏規則的領域才是最佳辦法。比如人和人之間的交往，誰和誰做朋友，誰説了誰的壞話，這些事是沒有甚麼規範來干涉的，所以我們日常社交的時候，就要遵守「以牙還牙」的原則——對好人更好，對壞人更壞，否則就會吃虧。

但是，這個「但是」很重要，對於那些有強力規則的領域，那就得優先遵守規則，而不是「以牙還牙」。比如説，一個生活在古代的普通老百姓，如果被官府處置了，那能讓這個人對官府也來一個「以牙還牙」嗎？在大堂上這個人被打了十大板子，他能説「我為了以後不吃虧，所以現在要爬起來打衙役一頓」嗎？顯然這是自找倒霉。在有強力規則的環境下，「以牙還牙」的策略就不成立了。

正是因為這個道理，生活在貴族大家庭裏的孔子，就感受不到「以牙還牙」有多麼重要。因為貴族的家庭是靠「禮」這個強力規則來維持秩序的，長輩訓斥晚輩那是應該的，沒處説理去。

墨子就不一樣了。民間組織裏，沒有強大的官府，沒有強力的規則，只有遵守「以牙還牙」的人才能生存下去，所以，墨子覺得「以牙還牙」就是人間的常態。

　　因為這個原因，墨子認為，人和人之間的愛也不是來自內心，而是來自「以牙還牙」的策略。他認為，哪有甚麼無緣無故的愛？人們都是為了得到回報，才會去愛別人。⑤

　　接下來，墨子認為他發現恢復世界和平的祕密了：既然人和人之間的關係是「以牙還牙」，那麼一個頭腦正常的人，為甚麼要傷害別人，而引得別人也來傷害自己呢？為了自己好，他應該去愛別人。多簡單啊，只要這世上的人都懂得這個道理，世界不就和平了嗎？

　　那怎麼能讓世上的人都懂得這個道理呢？

　　墨子說，我親自示範給你們看！我要建立一個人人「兼愛」的團體，來告訴你們「兼愛」的好處。我要通過實際行動，去說服各個諸侯國的君王學會「兼愛」。只要這些君王能以身作則，下面的百姓自然會效仿，最後全天

---

⑤　參見：《墨子·兼愛中》

下也就實現「兼愛」了。⑥

　　墨子的確是這麼做的。他建立了「墨家團體」，周遊
列國，親力親為，搞了個「道德文明示範團」。

　　這是墨子了不起之處。春秋戰國時期的思想家，能
說的多，能做的少。曾經有一次，孔子的一個弟子還被
農民打扮的人嘲笑說：「你們這幫唸書的，不從事生產，

――――――――――

⑥　參見：《墨子・兼愛中》《墨子・兼愛下》

不參加勞動，五穀都分不清⋯⋯」[7] 而墨子呢，是少有的身體力行的「帶頭人」，套用今天的話說，叫作「不當鍵盤俠」「我行我真上」。

可結果呢，墨子還是失敗了。

為甚麼呢？

墨子的漏洞是甚麼？

墨子和孔子犯了同樣的錯誤：他們只看到了這個社會的局部規律，就以為這些規律可以推廣到全天下。

孔子看到自己身邊的家族可以過着溫情脈脈的生活，就以為全天下都可以用家族關係來維持秩序。

墨子看到自己身邊的夥伴可以肝膽相照地互相守望，就以為四海之內都可以成為兄弟。

墨子的邏輯建立在兩個假設之上——

第一，假設全天下的人都依照理性行事，讓自己的利益最大化；第二，假設在全社會範圍內，與人為善是

⑦　參見：《論語·微子》

利益最大化的最佳辦法。

可是，這兩個假設都錯了。

先說第一個。

舉個簡單的例子。在一個人人是「理性人」的世界裏，幾乎是不會有犯罪的。因為理性的法律制定者，一定會讓犯罪的代價大於犯罪的收益（比如，如果偷盜有十分之一的概率被抓，那麼就讓偷盜一元錢的懲罰大於十元錢）。那麼，一個理性的人，在絕大多數情況下是不會去犯罪的。

同樣的道理，在一個人人是「理性人」的學校裏，學校只需要公佈校園規則和懲罰的內容即可，但實際上懲罰的內容都沒必要，因為不會有理性的學生去觸犯規則。

但是顯然，真實的世界不是這樣。今天的心理學已經發現，人類在很多時候，都是不理性的。

這是墨子的第一個錯誤：人們並不是像他想像的那樣，都依照理性行事。

墨子的第二個錯誤是，「以牙還牙」的策略，在全社會範圍內並不是人與人相處的最佳辦法。

「以牙還牙」這個策略之所以能夠成立，有一個前提，受害者必須有能力反擊加害者。但是，在很多情況下，並不存在這樣的條件。

舉個例子。你可能聽說過一句話：「哪裏有壓迫，哪裏就有反抗。」古代的君王要是對百姓特別不好，總壓榨、奴役百姓，那麼百姓也會對君王不好，最後揭竿而起，把君王給推翻了。看上去，這件事特別符合「以牙還牙」的邏輯。按照這個邏輯，君王為了自己好，就應該施行仁政，愛護百姓。

但事實上並非如此。

比如說，後來秦始皇統一了中國。那麼，假設有一天，秦始皇指使某個地區的官吏加徵賦稅，平白無辜地找百姓索要更多的糧食。他這麼做對百姓不好了，百姓當然會不高興。但是接下來，百姓會幹嗎呢？「以牙還牙」，拿把鋤頭出來抗稅嗎？那地區官吏就會把這個百姓抓到大牢裏，把他全家的糧食都沒收，這事就結了。這件事根本不會給秦始皇帶來任何觸動，這個我們看起來蒙冤被欺負的百姓到秦始皇那裏，只是官員匯報數據上的一個小數點而已。

換句話説，「以牙還牙」這件事對於秦始皇來説根本不存在，他沒有感受到任何報復。而且當百姓意識到「以牙還牙」是無效甚至對自己全家更不利的時候，百姓根本就不會採取抗税的做法，而是只要沒有被逼到絕路，就會逆來順受，乖乖交税。

也就是説，在真實的歷史裏，秦始皇其實連一個小數點都不會看到。他能看到的是對百姓越苛刻的官吏，上報的財務數據越漂亮，越值得嘉獎。

所以，在古代的君王看來，利益最大化的最佳辦法並不是對百姓好，而是儘量壓榨、奴役百姓，只要別太過分就行。墨子的「兼愛」，不符合君王的利益，也就不會被君王們接受。

墨子的一生和孔子類似，他周遊列國，不斷向君王們「推銷」自己的觀點。最後，也沒有哪個君王能真正接受他的主張。

不過，相比孔子，墨子還更受歡迎一點兒。主要是因為墨子作為手工業者，掌握了很多機械技術，他用這些技術發明了很多攻城和守城的器械，在當時是非常難得的軍事技術人才。

　　諷刺的是，墨子主張「非攻」，也就是反對戰爭。可是，君王們看重的恰恰就是墨子的戰爭技術，他們把墨子的「兼愛」主張扔到一邊，只想着怎麼能再多贏一場仗，多佔一座城。

　　世界正在朝着和墨子的期待相反的方向，越走越遠。

戰國時期最大的變化是甚麼？

墨子生活在春秋和戰國交替的時期。

春秋和戰國最明顯的區別是社會的混亂程度又高了一個層次：春秋前期，上戰場的主要都是貴族，在戰場上仍講究一些規矩，有時還可以點到為止；從春秋後期開始，戰場上的平民越來越多，戰爭規模越來越大，傷亡越來越重，雙方越來越不擇手段。

更要命的是，諸侯們對周王的態度也發生了改變。

你可能聽說過一個詞，叫「春秋五霸」，它指的是春秋時期，有五個諸侯國的統治者輪流當上了霸主。這個「霸」字，在春秋戰國時期和「伯」字通假[⑧]。在古代文獻裏，「春秋五霸」有時候又被稱作「春秋五伯」。

為甚麼叫「伯」呢？有一種說法是這個「伯」就是「伯仲叔季」的「伯」。「伯仲叔季」是古代給兄弟排次序的稱呼，「伯」指的是兄弟裏的大哥，就像我們今天還有「大伯」「伯伯」這樣的稱呼。按照這個解釋，「春秋五霸」的意思就不是「霸道的主人」，而是「天下諸侯的大哥」。

---

⑧　參見：《說文解字》

我們說過，周朝是按照家族來管理天下的。周王就相當於是家族的大家長，諸侯是這個家族的成員。諸侯國爭相稱「伯」的意思就是說，他們都想來當這個家族的「大哥」，並以「大哥」的名義號召其他兄弟。

換句話說，在春秋的時候，雖然周王已經沒有實際的權力了，但是大家還是尊重他的地位，在名義上把他當大家長。那些稱霸的諸侯只是想當「大哥」，而整個天下的秩序還保持着大家族的結構。也就是說，在表面上，諸侯們還給周王面子，保持着舊制度。

但是，到了戰國時期，大家連面子都不想給周王了。諸侯們一個個也開始稱王，都要和周王平起平坐。換句話說，甚麼「宗法制」啊，甚麼舊制度啊，公開不承認了！

孔子的夢想是回到周禮，但是到了戰國時期，諸侯們用實際行動宣佈：這個世界要拋棄所有的舊制度，我們要迎來一個全新的世界。

如果讓你來拯救一個陌生的新世界，你該怎麼做？

知識小結

- 春秋時期，有很多平民百姓脫離了家族關係，自己聯合在一起組成小團體，以求生存。他們和家族不同，不遵從血緣關係裏的長幼尊卑規則，而是主張人人為我，我為人人。

- 墨子從小團體裏獲得靈感，提出了「兼愛」的想法。他認為只要全社會講求人人平等，互相扶持，就能實現世界和平。

- 可是，「兼愛」的觀念只適合小團體，無法推廣到全社會，特別是無法滿足君王的利益，因此墨子的想法沒有實現。

經典原文

- 《墨子‧兼愛》：「兼相愛，交相利。」

  這是墨子心中的理想社會：人人互相關愛，都能夠得到利益。這其實和我們今天的社會很類似：既鼓勵無私奉獻，也主張互惠互利。

第 4 章

孟子：用愛征服世界的「仁者」

在孟子看來，甚麼是永遠不變的真理？

這一次的主角，我們叫他「孟子」。

孟子生活的時代，比孔子和墨子都晚。孔子是春秋時期的人，墨子橫跨了春秋和戰國，孟子則是戰國時期的人。

戰國時期，出現了一大堆從前人們沒見過的新情況：戰爭不斷擴大，諸侯紛紛稱王。權貴們在朝堂上興致勃勃地談論着最新的戰爭技術以及富國強兵的祕訣，這和孔子生活的那個彬彬有禮的時代完全不一樣了。

這個世界，處處都在變化，今天想出的道理，明天可能就是錯的，那怎麼辦呢？

最好的辦法是先找找這個世界上有哪些道理是永遠不變的。把這些「永遠不變的道理」當作基礎，去推理出各種各樣的結論，這樣，不管這個世界怎麼變化，再出現甚麼新情況，這套方案都可以適用。

要注意的是，在哲學上，「永遠不變」是個非常苛刻的要求，它必須拋開一切外在的條件。你不能説「我這個道理只有宗法制下才有用，換個時代就不靈了」或者「這

個道理只適合讀過書的人，沒讀書的人不管用」。

這些在任何情況下都成立的道理，能找到嗎？

孟子認為：能。

孟子發現的這個道理，用通俗的話來說，叫作「每個人心中都存在善念」。

在一般人的概念裏，「善良」是後天教育的結果。一個人不接受教育，就不知道甚麼是善，甚麼是惡。

孟子認為：不是這樣的。在他看來，這個世界上的每個人心中都有一個善念。

這個善念，跟這是一個甚麼樣的人、他的父母是誰、他生活在甚麼環境裏、他唸了哪些書，全都沒有關係。它就像一粒種子一樣，生長在每個人的心裏，是絕對不會消失的。[1]

孟子的這個觀點，被稱為「性善論」。①

這裏，先澄清一個誤會。有些人可能認為，孟子的意思是說，人性好像是一朵白蓮花，人剛出生的時候很潔白，長大以後就有可能被污染了。也就是說，這裏的

① 參見：《孟子·盡心上》《孟子·告子上》《孟子·公孫丑上》

「性善」有年齡的限制：人小的時候善良，長大了可就不一定了。

但孟子不是這個意思。孟子說的是，善念就好像是一粒種子，這粒種子是堅不可摧的，人在任何情況下，都會存有那一點兒善念。[2]

孟子提出了兩個證據。

第一個證據是：假設有一個人，正好看到一個孩子馬上要掉到井裏去了，即使這個人跟這個孩子沒有任何關係，也不想討好孩子的父母，更沒想過被別人表揚，他仍然會莫名地感到驚慌並產生同情心。② 這就說明任何人的心中都有善念，而且這個善念是人的本能，而不是像墨子說的那樣，是為了謀取私利。

第二個證據和第一個證據類似。孟子說，世上所有兩三歲的孩子都愛他們的父母，所有孩子長大後也都會敬重他們的兄長。這就說明，善念是不需要教的，是人本來就有的。③

② 參見：《孟子·公孫丑上》
③ 參見：《孟子·盡心上》

我們先不討論這兩個證據對不對，暫時接受孟子的結論，就認為每個人的心中都有善念，那這跟拯救世界有甚麼關係呢？

　　孟子認為，如果一個人努力培育「善念」這粒種子，不斷地提升自己，那麼最後他就可以變成一個道德修養特別好的人。[④] 而每個人生活的環境不一樣，不一定人人都能成為這樣的大好人。[⑤] 但是，過去那些偉大的君王，他們肯定是這種大好人，因為他們都是用善念來治理國家、對待百姓的。[⑥]

　　這種依靠善念治國的策略，孟子把它叫作「仁政」。

　　「仁政」具體要幹嗎呢？最重要的一條就是君王要愛護百姓，少收賦稅，[⑦] 讓百姓吃飽穿暖。[⑧] 在保證百姓溫飽的基礎上，君王還要向百姓提供教育資源，讓他們接受

---

④　參見：《孟子‧告子上》
⑤　參見：《孟子‧告子上》《孟子‧盡心上》
⑥　參見：《孟子‧公孫丑上》
⑦　參見：《孟子‧梁惠王上》《孟子‧盡心下》
⑧　參見：《孟子‧梁惠王上》《孟子‧梁惠王下》《孟子‧盡心上》

教育。⑨

孟子認為，當君王就應該施行仁政。

站在百姓的立場上，我們當然同意孟子的說法。但問題是，在孟子所處的戰國時期，諸侯國之間每天都在打打殺殺，君王們最擔心的是不知道哪天自己就被別的君王給滅了。這「仁政」說着好聽，它到底能不能幫助君王保衞國家、征服天下呢？

孟子說：能。

為甚麼呢？因為孟子發現了能讓國家強大的關鍵。在這一點上，孟子比孔子和墨子更進步。

前面說過，孔子和墨子兩個人對於政治的看法，都犯了以偏概全的錯誤。孔子關心「禮」，是因為他只關注貴族這些社會上層；墨子主張「以牙還牙」，是因為他只關注平民這些社會底層。但這並不是說孔子和墨子都是笨蛋，他們的局限性和生活的時代環境有關。

在孔子生活的時代，全社會在很多方面還在沿用西周的舊制度，貴族在社會上的地位非常高。貴族可以直

---

⑨　參見：《孟子·滕文公上》

接掌控百姓，並且這些百姓屬於這個貴族的私有財產，國君是管不了的。國君能直接管理的，只有貴族本人。所以，國家要幹甚麼事，需要貴族親自去幹，甚至打仗，也是貴族自己拿着武器，帶着私人衛隊上戰場。戰爭能不能贏，就看這些貴族和他的軍隊給不給力。所以，孔子自然就認為，國家興亡的關鍵在貴族的身上。

在墨子生活的時代，因為戰亂，好多平民百姓脫離了貴族的管理，只能自己聯合在一起求生存。這些民間團體在那時是全新的事物，非常時髦。所以，墨子對自己的「兼愛」主張報以特別高的期待，以為這就是未來發展的大趨勢。這就好比我們今天那些最新的科技發明，人們也常常會對它們報以過高的期望一樣。

等到了孟子的時代，情況又不一樣了。有些君王已經不依賴貴族管理國家了，他們可以直接控制自己國家的大多數百姓，直接向百姓們徵兵收稅。所以，到了這個時代，戰爭的勝負在很大程度上取決於國家對百姓的動員能力。説白了，就是哪個國君能組織起來的百姓多，並且這些百姓平時肯交糧，上戰場肯拼命，這個國家獲得戰爭勝利的概率就比別的國家大。

總而言之一句話，孟子的時代和孔子、墨子時代的政治規則不一樣了。

　　如果說孔子的時代是「得貴族者得天下」，那麼，到了孟子的時代就是「能組織百姓者得天下」了。

　　於是，孟子找到了施行仁政最好的理由。

　　孟子認為，用仁政能夠增強國家對百姓的動員能力。

　　首先，施行仁政可以增加人口數量。

　　我們想，所有平民百姓都喜歡過豐衣足食的生活，

不喜歡暴虐苛刻的君王吧？所以，孟子認為，君王一旦施行仁政，那些遭受暴政的百姓就會歸附仁君，這個君王所掌控的人口數量就能增加了。[10]

此外，一個國家的強弱，不能光看人口多少，還得看這個國家的百姓能不能積極生產、勇敢打仗。

孟子就說了，如果施行仁政，百姓吃得飽穿得暖，他們就好好幹活，不幹壞事了。[11] 用今天的話說，這就降低了社會的管理成本，國家可以更順利地獲得稅收。再者，官員對百姓好，百姓也會對官員好，甚至願意為官員和國家犧牲自己的性命。[12] 那這樣的百姓上了戰場，能不勇敢作戰嗎？

更重要的是，施行仁政還能打勝仗。

試想一下，如果是施行仁政的君王去和暴君打仗，百姓會支持誰呢？當然是支持仁君，誰不願意被仁君統治呀？所以，真到了打仗的時候，不僅仁君自己國家的百姓會努力作戰，就連暴君國家裏的百姓，也會掉過頭去

---

[10]　參見：《孟子·公孫丑上》《孟子·離婁上》
[11]　參見：《孟子·梁惠王上》
[12]　參見：《孟子·梁惠王下》

支持仁君。⑬ 等到仁君的軍隊打過來了，暴君國家的百姓甚至還會帶着食物去迎接⑭，驚不驚喜？意不意外？

這場面用孟子的話説，叫作：「得道者多助，失道者寡助。」⑮ 只有你是一個好人，別人才會幫助你嘛！如果你能好到極點，全天下人都幫助你，那不就可以統治天下了嗎？⑯

所以，孟子説：「仁者無敵。」⑰ 當一個仁愛的君王，就可以戰無不勝，一統天下。

那麼，孟子説得對嗎？

「仁者」真的可以天下無敵嗎？

我們要注意，孟子的這套理論是從一個他認為永遠不變的真理出發推斷出來的。在他看來，這個真理在任何情況下都成立。

---

⑬　參見：《孟子・公孫丑上》《孟子・滕文公下》《孟子・盡心下》
⑭　參見：《孟子・梁惠王下》
⑮　參見：《孟子・公孫丑下》
⑯　參見：《孟子・梁惠王上》《孟子・公孫丑下》《孟子・滕文公下》
⑰　參見：《孟子・梁惠王上》

那麼，如果孟子的邏輯沒有問題，他的理論應該是能實現的。也就是說，在孟子之後的世界裏，應該是越仁德、心眼兒越好的人，地位越高，權力越大。照此說來，那些古代王朝的權力鬥爭，就應該簡化成「道德模範評選大會」，每個參評者上台讓百姓打一個道德分，得分最高的直接當君王就行了。[18]

顯然，真正的歷史並不是這樣的。

那麼，孟子的問題出在哪兒了呢？我們首先回顧一下孟子提出的那兩個證據。

孟子認為，心存善念是人的本性。他提出了兩個證據：一個是，有一個人見到陌生的孩子快要掉到井裏了，他會不由自主地感到驚恐並產生同情心；另一個是，世上所有兩三歲的孩子都愛自己的父母，這些孩子長大後都會敬重自己的兄長。

從這兩個證據來看，孟子的觀察是非常敏銳的，他對人性的認識達到了當時知識水平下的最高水準。

現在，我們暫時拋開孟子的思路，先用今天的觀點

---

⑱　參見：《孟子・盡心下》

和理論來解釋一下孟子所說的證據是怎麼回事。

　　孟子說，如果有人見到孩子馬上要掉到井裏了，就會感到驚恐並產生同情心。這證據舉得沒錯，人們見到可愛的陌生孩子的確會心生歡喜，見到陌生孩子遇到危險，大多數人也都會想要去保護他。今天我們怎麼解釋這種現象呢？科學家認為，這是生物演化的結果。

　　在這個世界上，有很多動物的幼崽出生以後還不能獨立生存，需要爸爸媽媽照顧一段時間。但是，動物又不會思考，怎麼就知道應該照顧自己的後代呢？於是，這些動物演化出了一種本能：在動物幼崽還沒有長大，需要父母照顧的階段，牠們會擁有一些特殊的生理特徵 —— 讓成年的動物看了就特別喜歡，特別想保護牠們。這些特徵包括：頭部相比身體更大，四肢相對短小；眼睛在頭部更靠下的位置，並且眼睛比較大；叫聲十分奶聲奶氣……一言以蔽之，牠們非常「萌」。

　　人類的身體裏也有類似的基因，所以，當我們看到擁有上述特徵的動物時，就會忍不住覺得牠們可愛。哪怕是獅子和老虎這種猛獸的幼崽，我們也覺得牠們挺可愛的。

　　人類還會選擇自己覺得可愛的動物當作寵物來養，所

以，我們今天常見的寵物貓、狗，即便是長到成年，仍然會保持幼崽時期的生理特徵。我們很多人對寵物的愛，有點兒像父母對孩子的愛，這是因為這個「可愛」的源頭，其實就是父愛和母愛的延伸。

明白了這個道理，我們再看孟子那個「陌生孩子快掉井裏」的證據就不覺得意外了，這種同情心是基因本能的結果。類似的道理，在孟子的第二個證據中，「兩三歲的孩子都喜歡自己的父母」，這也是基因的本能。這種本能的目的是讓孩子不離開父母的保護，從而增加他們活下來的概率。

好了，說到這裏，我們再來看孟子的理論。

首先，我們得讚揚孟子的洞察力非常強。基因的本能的確人人都有，也確實不依賴於後天的學習和思考。這一點，孟子沒說錯。

但是，另一方面，這個基因本能跟孟子說的「善念」還不是一回事。

按照孟子的意思，如果一個人從「善念」出發，不斷地培育它、發展它，那麼最後這個人就可以成為一個道德完人，做大臣就兢兢業業、剛正不阿，做君王就節衣

縮食、愛民如子。可是，如果我們按照「人類喜歡幼崽」的基因本能來理解「善念」，那麼，不斷發展它的結果就不會是成為道德完人，而是應該把君王和大臣們變成一羣喜歡孩子、萌寵，天天在小區裏餵流浪貓、狗的暖男才對。

這兩條路的差距有點兒大啊！它們是從哪裏開始分岔了呢？

就從第二個證據的後半句開始。在這個證據裏，孟子説，你看，這世上哪兒有孩子長大了不敬重自己兄長的呢？

哪兒有？這不是挺多的嗎？

按照我們今天的經驗，「孩子敬重兄長」其實是後天教育的結果，是孩子個人的選擇，那這就不屬於那種「永遠不變」的道理。從這裏再推理下去，孟子的理論就不再是邏輯嚴密的哲學思辨，而僅僅是日常生活的經驗總結了。[3]

不過，孟子的理論還有救。

在孟子看來，「善念」是一粒種子，在每個人心中都有。但是，這粒種子最後能不能佔據這個人的內心，還

需要經過後天的教育和個人的努力。

說到底，孟子的救國方案裏還是需要孔子大力倡導的教育。那麼，我們不妨後退一步，先不管孟子關於人性的看法，就假設他遇到了一位仁德的君王，這位君王滿足了百姓的溫飽需要，還在百姓中開展了教育。那麼，這樣就可以拯救世界了嗎？

還是不行。這又是為甚麼呢？

因為孟子的理論裏還有另一個漏洞。

孟子認為，施行仁政可以讓國家變得強大，施行暴政則會讓國家走向衰弱。

這裏有一部分觀點是成立的。比如仁君努力滿足百姓的溫飽需要，就可以鼓勵國民多繁衍人口，增強國力。

但是，暴君就不讓百姓繁衍人口嗎？

在戰國時期，有一派學者的主張和孟子正好相反，他們認為，君王應該把百姓當成牲畜一樣使喚，百姓的價值就是給君王種田打仗。這個學派，被稱為「法家」。

法家的君王把自己當成了屠夫，把百姓當成了牲畜。這種想法在今天看來當然很壞，可是，屠夫也要讓

牲畜活下去。暴君為了一己私利，同樣要讓百姓吃飽穿暖，儘量多繁衍壯勞力，好讓百姓為他服務。所以，僅僅從繁衍人口這點上來說，仁政並沒有明顯的優勢。

除了繁衍更多的人口外，孟子還提到了仁政的另一個好處：百姓都喜歡仁君，所以仁君和暴君打仗的時候，百姓都會支持仁君，甚至暴君統治下的百姓會拒絕作戰，反而歡迎仁君佔領他們的國家。

這個理論聽上去很有道理，因為它的邏輯是基於人的本性——趨樂避苦。人們都怕死、怕挨揍，都希望自己能吃穿更好一點兒，那百姓怎麼可能不支持仁君呢？

然而，孟子的漏洞恰恰就在這裏。

試想一下，假如你是一個戰國時期的百姓，統治你的人是個暴君。有一天，鄰國仁君的軍隊打過來了，這時候，你們村子裏的官員一腳踹開你的家門，揮着一把大刀說：「上頭的命令，要打仗了，每人再多交一石糧食！」

你會是甚麼反應呢？

你會不會像孟子推測的那樣，一把推開大刀，衝官員咒罵道：「你這個壞人！我咒這殘酷無道的暴君不得好死！仁君待百姓如同父母一樣，我怎麼可能和我的父母為

敵！我不會給你一粒糧食，我要留着糧食，去迎接仁君的軍隊！」[19]

你會這麼幹嗎？

你還是會在心裏盤算一下，發現交了這一石糧食後，全家人還勉強餓不死；不交，反倒全家性命難保，於是，趕緊諂笑着為官差們準備好糧食。官差稱糧食的時候，你甚至還往人家兜裏偷偷塞了兩個雞蛋，期望人家可以手下留一點點情。

大多數人的反應是乖乖備糧的後者，對吧？

正因為人的本性是趨樂避苦，是貪生怕死，所以大部分百姓的生存方式是苟活；是誰拿刀槍來威脅我，我就給誰交糧食；是但凡有一條活路，我就不會反抗；是如果暴君承諾殺掉一個仁君的士兵就可以升官發財，那麼，我就會在戰場上奮勇殺敵。這才是人真正的本性。

在戰國時期，有一個被後人叫作「韓非子」的人尖刻地批評了孟子的理論。韓非子說，這孔子是天下最講仁義道德的人吧，按照孟子的邏輯，孔子應該得到全天下人

---

⑲　參見：《孟子・梁惠王上》《孟子・公孫丑上》《孟子・梁惠王下》

的支持吧，可最後孔子怎麼就只有那麼點兒弟子呢？換句話說，主張「君王講仁義就可以天下稱王」，這是要求全天下的人都跟孔子的弟子一樣道德高尚，這顯然是不現實的。[20]

---

[20]　參見：《韓非子·五蠹》

所以，孟子錯了。錯在哪兒了呢？打一開始就錯了。

我們接下來，再重新看看孟子的「性善論」，就會發現，他剛邁出第一步的時候，就已經踩進了「坑」裏。

人的本性是善良的嗎？

我們之前說過，孟子認為，每個人心中都存有善念。現在，我們再多記住一個名詞：「心」。

孟子給這個人人都有的，不會消失的善念起了一個名字，叫作「心」。[21] 他認為，這個「心」不依賴後天的學習、思考就能存在。

注意，這個描述的分量是非常重的。這就相當於說，一個人只要一出生，這個「心」就必然存在。而且無論這個人之後學習了甚麼，經歷過甚麼，這個「心」都不會被改變。也就是說，這個「心」是永存的，是不可摧毀的。

而我們頭腦中的其他想法呢，都是需要通過後來的

---

[21] 參見：《孟子‧告子上》《孟子‧盡心上》

學習和經歷才能獲得的。所以，這些想法也就可以被之後的學習和經歷改變，因而它們是可以被摧毀的。

因此，在孟子看來，在我們的頭腦裏，「心」這個東西相對於其他想法，佔有絕對的優勢地位。

孟子對此有一個比喻，他說人性就好像是水。水雖然可以流到各個地方，雖然可以濺起水花，但是水總有向下流的「趨勢」，這個「趨勢」就是人的善念。[22] 也就是說，雖然一個人可能因為後天的環境原因學壞，但是這些壞想法、壞念頭只是暫時的，不可阻擋的大趨勢是向善的「心」。

更重要的是，因為善良才是人性最本質的那一部分，所以，到最後，一個人可以實現完全的善。到了那個境界，善念就會充沛四方、無所不在 [23]，並且還在人的心裏起到決定性的作用，那些諸如自私自利的其他想法和念頭，都無法和它抗衡。

孟子關於「仁政」的那一大套理論，只有在人們的善

22　參見：《孟子·告子上》
23　參見：《孟子·公孫丑上》

念能徹底戰勝私慾的前提下，才能成立。

　　然而，今天我們所知道的心理學和社會科學的結論正好和孟子的理論相反。今天的結論是，人們雖然可以做出各種無私的行為，但是一般來說，大多數人在大多數時候，私心是勝過善念的。所以，現代社會在設計相關制度的時候，往往是先把每一個人假設成是自私的，先防範和利用人的私心把一件事做好之後，再去考慮和鼓勵人的善念。

　　這就是為甚麼今天要保護私有財產所有權，因為只有人們把財物當成自己的，才會格外珍惜它，從而最大化地發揮它的價值，這是我們今天市場經濟的理論基礎。甚至可以說，我們今天之所以能夠創造出古人做夢都想像不出來的財富，就是因為今天的社會制度充分利用了每個人的私心。

　　再來看孟子呢，他對人性的理解恰恰相反。孟子的這個漏洞，實際上古人很早就發現了。在漢代，有一位叫董仲舒的哲學家，他比孟子多吸取了一百多年的歷史經驗，對人性就得出了和孟子完全相反的結論。董仲舒也把人性比喻成水，但是，他認為水向下走的方向不是

「善」，而是自私。[24]

　　既然孟子一開始設定的前提就錯了，那麼他在這個前提基礎之上建立的整座理論大廈，也就都錯了。

　　可是，我們萬萬不能嘲笑孟子。

　　能夠在中國思想史、哲學史上出現的人物，那都是頂尖聰明的人。我在這裏之所以能舉出各種證據「批評」孟子，並不是因為我比孟子更高明，僅僅是因為我多掌握了幾千年來積累下的歷史經驗和科學知識。反過來說，就算孟子犯了錯誤，也並不是因為他笨，而僅僅是因為他那時掌握的信息不夠多。

　　孟子通過自己的觀察，認為尊敬長輩、同情弱小、禮貌謙讓等品格是人人天生就有的，[25]那是因為他只看到了自己周圍的世界。孟子看到他身邊的家庭裏，每一個人都會流露出這樣的品格，就以為它們是生來就有、亙古不變的。

㉔　參見：《天人三策》
㉕　參見：《孟子·公孫丑上》

就比如孟子用「孩子長大了都會敬重兄長」來證明「心」是與生俱來的，是因為他以為這種現象是普遍的，在生活中沒有例外。但是，如果他能看到更廣闊的世界，就會發現，在世界上很多其他民族裏，都沒有長幼尊卑的習俗。比如古代的一些遊牧民族部落，他們認為「力量」勝於「輩分」。所以，少壯者的地位最高，他們的吃穿也是部落裏最好的，甚至可以殺掉自己虛弱的父兄。㉖這種習俗從自然競爭的角度講，其實比尊老愛幼更有優勢，更有利於遊牧部落在極端的環境下生存。

　　中國人尊老敬長，那是因為古代中國是一個農耕社會，西周又建立了一層層金字塔式的宗法制度，每一個出生的孩子都生活在尊老敬長的環境裏，這才有了長輩的絕對權威。孟子沒見過別的社會形態，就誤以為這是社會的絕對常態。

　　當時也不是只有孟子一個人這麼想。春秋戰國時期有好多思想家、哲學家，後來的學者把其中思想相近的

㉖　　參見：《史記・匈奴列傳》《後漢書・烏桓傳》《舊唐書・北狄傳》《新唐書・北狄傳》

歸成了幾個學派。比如，孔子和孟子的學派，被稱為「儒家」；前面介紹過的墨子，屬於「墨家」；還有另一個學派，叫作「法家」。這些學派的主張是相互對立的，很多觀點是完全相反的。但是，這些學派全都承認：做人，就應該孝順父母、敬愛兄長。㉗也就是説，當時所有人都以為「長幼尊卑」是人間的常態，是維持穩定社會的唯一選擇。

所以，孟子確實錯了，但這不是他一個人的局限，而是時代的局限。

但哪怕是在時代的局限下，孟子還是幹了一件很了不起的事。

怎麼做才能成為「聖人」？

這件事，之前孔子和墨子都沒有做到。甚麼事呢？

按照孟子的觀點實踐，可以解決人生的痛苦。

首先，我們想想我們的痛苦從哪裏來？

㉗　參見：《墨子・兼愛下》

我們的痛苦很大程度上來源於「我的想法總會變」。

比如，我們經常陷入「動力十足」和「荒廢時光」的循環中：在理智狀態下，我們知道自己應該努力上進、懸樑刺股，想着想着興奮了，一激動寫滿了好幾頁的計劃。然後等第二天要讀書的時候，那股興奮勁兒早就沒了，反倒是因為看了一眼手機，於是不知不覺地刷了半天，等到臨睡前，才因為又荒廢了一天而懊惱不已。

上述痛苦，就來自「我的想法總會變」── 立志決定「好好學習」的想法，到了第二天要實踐的時候，瞬間就變了。

又比如，我們有時會很迷茫，不知道自己應該做甚麼，不知道把時間投入到哪一件事上才不浪費自己寶貴的生命。為甚麼不知道該選甚麼呢？是因為我們怕此時的選擇，會讓將來的自己後悔。也就是說，我們怕的是「我此時的想法，到了未來會變」。

再比如，我們都知道，人的慾望無窮而能力有限。人們不斷擴張的慾望總是容易撞到現實的牆壁，所以，要讓自己永遠幸福，就必須放棄那些不切實際、不好滿足的慾望。但是另一方面，就算知道了這些道理，在慾

望面前我們還是控制不住自己。我們明明知道自己每天都在享受着古代頂級富豪都無法企及的物質生活，有時卻還是為了得不到一款最新的手機而耿耿於懷。說到底，還是因為我們的想法總會變。在理智的時候我們為自己規劃的最佳辦法，總是很快被其他想法打敗。

那麼反過來，如果我們心靈的某個部分可以立於不敗之地，永遠不會因為外在的變化而改變，那不就不會懊悔、不會迷茫、不會煩惱，反而比別人擁有更強大的精神力量了嗎？

咦？這段話是不是有點兒眼熟？這不就是孟子對「心」的描述嗎？

孟子認為，每個人身體裏的「心」凌駕於一切之上，是不會被外物摧毀的。

這種永遠存在、不依外物而改變的東西，在哲學上，我們可以叫它「本有」或者「本體」。

「本體」的好處是它在面對世間所有的事物——包括煩惱、苦難在內——都擁有壓倒性的優勢。就像在孟子的理論裏，「心」相對於人的其他想法佔有絕對優勢地位

一樣。任何事物在「本體」面前都十分渺小，如果我們能和「本體」站在一起，那就可以超越世間萬物，所有的痛苦和煩惱對我們來說，就如同清風一般不值一提。

那麼，我們怎麼才能跟「本體」站在一起呢？

孟子的説法是，「心」這個本體就像種子一樣。如果我們生活的環境不夠好，如果我們學習了壞想法，那麼這粒種子就不會長好，就會被外來的壞東西遮蔽。所以，我們還要自己主觀努力，去培育「心」，就像栽培植物一樣把它養大。具體的做法，就是用我們的理性去引導心中的想法，讓自己的想法和行為都努力向善。[4] 簡單地說，就是還需要自身的學習和努力。

那麼，學成之後的結果是甚麼樣子呢？

這裏，孟子又引入了一個新概念，叫作「氣」。我們可以把「氣」想像成是身體裏一團像空氣一樣的精神力量。

孟子認為，只要我們好好學習儒家的知識，努力端正自己的行為——比如做到「富貴不能淫，貧賤不能移，威武不能屈」[28]——那麼，這個「氣」最後就會被養大，養

---

[28] 參見：《孟子・滕文公下》

到甚麼程度呢？養到充盈全身，能在我們的身體裏起到決定性的作用。孟子把這樣的氣叫作「浩然之氣」。因為「心」是「本體」，是高於人間萬物的，所以，當我們心中充滿了「浩然之氣」後，就可以與宇宙同行，高於世間萬物了。[5]

那到了這個境界有甚麼好處呢？

首先，最直觀的好處是，當「氣」充滿全身的話，就可以改變人們外在的舉止行為，讓我們整個人的「氣質」和「精氣神」都變得不一樣，從而改變我們在別人眼中的印象。㉙

更妙的是，到了這個境界，我們就不會迷茫了。因為孟子所説的「心」這個本體是有道德屬性的。説白了，「心」是個善念，它是能分辨是非的。所以，我們一旦具備了「浩然之氣」，自然就知道甚麼是高於一切的善。這樣，我們就會毫不猶豫地去做這些「善」事，而且永遠不會後悔。

換言之，即便在做這些事的過程中遇到了各種痛

㉙　參見：《孟子・盡心上》

苦，對我們來說也都不重要了。因為在「本體」面前，所有的痛苦都是低一級的東西。這就像對於偉大的英雄來說，失去生命雖然可怕，但是個人的生命比他的使命要低一等，所以，和完成使命相比，犧牲個人的生命也可以坦然接受了。

其次，既然「浩然之氣」超越了世間萬物，人們也就不會對名利心動。[30] 於是，我們就不會為了名利而終日奔波，不會為了金錢而卑躬屈膝，在這個社會上，我們就自由了。

到了這個境界，我們也不會懼怕死亡，[31] 不會為了身患疾病而惶惶不可終日，不會為了想要延長生命而做一些亂七八糟的蠢事。那麼，對於人生，我們也就自由了。

可是，我們前面說，孟子關於「心」的理論是有問題的。那麼，「浩然之氣」的境界會不會就是個純粹的幻想呢？

---

[30] 參見：《孟子·告子上》：「萬鍾則不辯禮義而受之。萬鍾於我何加焉？」

[31] 參見：《孟子·告子上》：「生，亦我所欲也，義，亦我所欲也；二者不可得兼，舍生而取義者也。」

並不是。

在藝術體驗中，有一種東西叫作「崇高美」，我們可以在好幾種藝術形式裏體驗到它們：在音樂裏，有聖詠，有氣勢宏大的交響樂；在繪畫中，有描述恢宏的自然景觀、表現大自然力量的作品，比如描繪滾滾烏雲、汪洋怒濤或者霞光萬丈；在文學中，有表現英雄主義的故事，比如神話傳奇、英雄史詩；還有那些熱血題材的動漫、英雄主義電影，以及商業電影中那些表現宏大歷史背景下個人和歷史、命運抗爭的作品等等。

當我們沉浸在這類藝術作品裏的時候，情緒往往會特別激動，能夠體驗到一種神聖感、崇高感、安全感和幸福感，覺得在某一個崇高的目標下其他事情都不重要了，甚至可以為這個崇高的目標獻上寶貴的生命，有一種「靈魂被洗滌」的感覺。

這種體驗，可以用今天的進化心理學來解釋。

在原始部落時代，當部落遇到極其危險的情況時，有時必須犧牲少數人的生命才能讓整個部落生存下去。但是，從延續基因的概率上講，對於被犧牲的那些人來說，他們一定是吃虧的。所以人類在演化的過程中，可能演化

出了一個「在極端情況下，個體願意為集體犧牲」的基因開關。也就是說，在平時，基因會告訴人們：「你的生命最重要，一定要好好活下去。」那時候，我們感受和表現出來的就是患得患失、擔驚受怕，一會兒怕自己吃得少了，一會兒怕哪個部落同伴佔我便宜了。因為只有這樣，我們才最有可能活下去。

但是，在極端情況下，當部落受到滅頂之災的威脅時，那個「自我犧牲」的開關就被打開了。在這個時候，我們感受到的是「為集體犧牲我自己，是一件美好、偉大的事，我個人的一切恩怨和得失乃至生命全都不重要」，這種感受就是我們之前所說的「崇高美」的體驗。

當然，我們也可以不從心理學的角度解釋。從本體論的角度來看，對於認同孟子學說的人而言，這種體驗就是我們擁有的「浩然之氣」超越了平凡人生的證明。

總之，這種崇高感是可以親身體驗到的，而且因為它是依託在「某個崇高目標」之上，所以它又是有道德意義的。因此，在現實世界裏，當人們為了一件自以為正義的事情挺身而出的時候，也可以體驗到這種感覺。這樣一來，這個體驗就正好和孟子的本體論不謀而合，印證

了孟子的理論是可以實踐的。

於是，讀書人按照孟子的指導，不斷學習儒家的那幾本經典著作，按照各種道德規範要求自己，從內心深處相信自己堅持的是絕對的正義和絕對的真理。到了某一天，當他發現需要為了「正義」「真理」挺身而出的時候，他體驗到了能讓自己超越一切的「崇高感」。這時，他感到無比幸福，覺得自己超越了平凡的人生。這一切，不就完美地說明了孟子的理論了嗎？

對於那些認同孟子學說的人而言，孟子為他們鋪設了一條通往終極正義和終極真理的道路，只要沿着這條路走下去，這個人就能超凡脫俗，成為儒家心目中最高等級的完人——「聖人」。

明白了這一點，孟子所說的很多話就有了新的含義。

比如在《孟子》裏，有一句很勵志的話：「天將降大任於斯人也，必先苦其心志，勞其筋骨，餓其體膚，空乏其身，行拂亂其所為，所以動心忍性，曾益其所不能。」[32] 如果是不了解孟子本體論的人聽了，這就是一段

---

[32]　參見：《孟子·告子下》

普通的勵志文字，如同心靈雞湯，聽完熱血五分鐘，然後也就忘了。但是，對於認同孟子學說的人而言，受苦就成了成聖之路上的必經苦難，是一個用暫時的、低等級的痛苦來換取超凡成聖的買賣。這吃苦受罪哪裏是甚麼倒霉事，這簡直是佔了大便宜。於是，這句話的力量就加大了好幾倍。

於是，從孟子這裏，開創了一個後代儒家特別喜歡的理論模式——建立一套本體論，既可以解決人生的問題，讓人超凡成聖，又可以解決政治問題，有助於定

國安邦。用古人的話說，叫作「內聖外王」：對內，把自己修行成一個「聖人」；對外，施行仁政，也就是「王道」。[6]

不過，在孟子的時代，還沒有多少人認同他的說法，因為孟子的理論和人們的生活經驗差得太遠了。

孟子提倡的一採用就能天下無敵的「仁政」，沒有任何一個君王採用後就真的天下無敵了，反倒是那些對百姓苛刻無情、對大臣耍陰謀詭計的壞君王，他們的國力更強大。所以，不僅是漢朝的董仲舒覺得孟子的「性善論」有問題，就連和孟子同一個時代，同為儒家學者的荀子，都不同意他的觀點。在很長一段時間裏，孟子在中國哲學史上的地位都不是很高。

一直到了宋代，以朱熹為首的一些儒家學者，他們想要給儒家建立新的本體論，這才把孟子想起來。中國古人喜歡崇拜權威，思想家搞革新，總要從古代拉一位權威出來為自己背書。朱熹等人發現，在過去的儒家學者裏面，也就孟子的本體論和自己的思想差不多，於是，他們就把孟子從故紙堆中翻了出來，一陣打扮吹捧之後，把他說成是僅次於「聖人」孔子的「亞聖」。從此以後，孟

子才成了能和孔子並肩的思想家、哲學家。

但是，至少在戰國時期，孟子的主張和學說還有很明顯的漏洞。接下來，我們來看一個比孟子漏洞更少的本體論，這套理論成為了之後中國哲學的地基。

- 孟子認為，每個人心中都存有善念，這個善念是永存的、不可摧毀的。這是孟子的「性善論」。

- 孟子通過「性善論」推論出，只要君王對百姓好，百姓就會回報君王，最終天下百姓都會投奔他，善良的君王就可以稱王天下。這是孟子主張的「仁政」，也叫「王道」。

- 孟子認為，一個人活着，應該培養自己心中的善念，最終讓這個善念充滿自己的內心，從而擁有「浩然之氣」，從此這個人就無所畏懼，高於宇宙萬物，成為「聖人」。

- 孟子主張，一個人在自己內心中要成為「聖人」，

在社會裏要建立「王道」。這二者合在一起，就是「內聖外王」之道。這是很多儒家學者的畢生所求，是他們的終極理想。

- 孟子的主張為儒家讀書人的精神世界找到了出口，為宋明儒學打下了理論基礎。但是，孟子的「仁政」主張並不符合當時的社會規律，因此沒有被當時的君王們採用。

經典原文

- 《孟子・告子上》：「仁義禮智，非由外鑠我也，我固有之也，弗思耳矣。」

這是孟子理論的核心。

- 《孟子・盡心下》：「民為貴，社稷次之，君為輕。」

這句話概括了孟子的「仁政」思想。孟子關於「仁政」的主張對後世的君王多少起到了一點兒限制作用。

- 《孟子・告子下》：「天將降大任於斯人也，必先苦其心志，勞其筋骨，餓其體膚，空乏其身，行拂亂其所為，所以動心忍性，曾益其所不能。」

這是《孟子》裏最勵志的一段名言。

第 5 章

老子：「佛系」拯救者

在《老子》看來，甚麼東西能掌管一切？

這套更強的理論，寫在了一本叫作《老子》的書裏。

《老子》又叫《道德經》。我們講到《老子》這本書的時候，有一個小小的麻煩。古代的中國人認為，《老子》的作者是一個叫作「老子」的人。但是，今天的學者們認為，《老子》的作者到底是誰，古人所說的「老子」這個人到底生活在甚麼時代，他做過甚麼事，這些都是存疑的。所以，在我們這本書裏，只提《老子》這本書，不提「老子」這個人。如果為了行文方便，偶爾提到「老子」，指的也是《老子》這本書的作者，而不是歷史中的那個「老子」。

接下來，我們就看看《老子》這本書裏所說的到底哪裏比孟子更厲害。

孟子認為，一切的根本是「心」，各種思想、外物都無法改變這個「心」。在這裏，孟子主要討論的是跟人有關的問題：個人的思想和行為，國家的制度和發展，而對於人之外的東西，比如自然萬物怎樣運轉，孟子不是

很關心。

在《老子》的作者看來，這樣的理論就不夠給力。光談論人，不談論別的，這有局限啊！要研究，就得研究一切事物的根本是甚麼。

於是，《老子》給這個能統領世間一切事物的最根本的東西，起了一個名字，叫作「道」。

注意啊，我們這裏又說到了一個在哲學上很可怕的詞：一切。「一切」就是把所有的東西全包括了，也就是你能想到的、見到的、說出的東西，都比這個「道」低一個等級。

這就很厲害了，「道」和「一切」的關係是甚麼呢？

我們描述事物的時候，需要使用各種概念，比如「大小」「長短」「多少」，這些概念是人們出生以後，通過後天的學習才能掌握的。這些概念都屬於「一切」，但「道」是超越「一切」的。

所以，「道」這個東西，就不能用「大小」「長短」「多少」之類的概念去描述。就是說，我們沒有辦法用語言去描述「道」，「道」也沒法呈現出人類所能理解的圖像。所以，我們壓根兒看不到它；同理，「道」又是聽不見、摸

不着的。

　　總之,「道」是一個看不到、聽不見、摸不着,用人類的思維根本無法理解,也沒法用語言去描述的東西。[1]所以,理論上,面對這個至高無上的東西,我們甚至就不應該開口説話。[2]可尷尬的是,《老子》不就是一本用文字寫成的書嗎?它的目的不就是要用文字去談論這個東西嗎?所以,《老子》不得不勉強説一説這個東西。按理

---

①　參見:《老子》通行本第一章
②　參見:《老子》通行本第五十六章

説，這個「超越一切的東西」是沒有名字的③，但是《老子》為了談論它，強行給它起了一個名字，就叫作「道」。④

我們為甚麼非要談論這個「道」呢？因為它厲害呀！

在《老子》看來，「道」是萬物的根基，我們今天見到的一切：動物、植物、世上的所有人，包括我們此時此刻的所思所想……萬事萬物都是由「道」衍生出來的。[1]

因為「道」超越了萬事萬物，所以不會被任何事物改變，是不可摧毀的。⑤ 也就是説，任何事物都無法影響「道」，因此「道」是絕對自由的。

為了形容「道」的自由狀態，《老子》用了一個我們今天特別熟悉的詞，叫作「自然」。「自然」這個詞，在今天指的是花啊，鳥啊，這些非人工的東西。而「自然」的本意，其實指的是「沒有外物的約束，自由自在的狀態」。[2] 所以，我們今天還有個詞，叫作「自然而然」，意思就是一件事物不受任何來自外界的干涉，自己就成那

---

③　參見：《老子》通行本第三十二章
④　參見：《老子》通行本第二十五章
⑤　參見：《老子》通行本第二十五章

樣了。

《老子》認為,「道」就是「自然」的狀態。

那麼,既然有了「自然」,就有「不自然」。

甚麼是「不自然」呢?跟「道」不一致的,就是不自然。具體來說,比如人類的理性思維就是「不自然」。

那理性思維又是甚麼呢?簡單地說,當我們認認真真地想說明一個問題,想要清楚地表達一個觀點的時候,說出的那些話、寫下的那些字,都屬於「理性思維」。

人們平時主要是靠理性思維來理解世界的。比如我們都學過這樣一個知識:「蘋果是紅色的。」這就是一個理性的判斷。這樣的知識越來越多,我們對這個世界的認識也就越來越豐富。

人們平時還要靠理性思維來告訴自己該做甚麼。比如放學回到家,我們決定先寫完作業,然後再玩。這是因為我們知道,不寫完作業可能會受到懲罰,這也是一個理性的判斷。依靠一個個理性的判斷,我們才能控制和規範自己的一舉一動。否則,在外人看來,我們就是說話做事都不可理喻的瘋子。

儘管在今天理性思維這麼有用,可是在《老子》看

來，堅持「理性思維」是違反「道」的。

為甚麼呢？

最簡單的證明方法是：「道」是超越一切事物的，其中也包括理性思維，所以理性思維比「道」低一個等級。而且「道」不僅產生了萬物，它還蘊藏在萬物之中。[3] 所以，當我們用比「道」低一等的理性思維去理解萬物、去指導人們改造萬物的時候，就相當於是用一個低等級的規則去處理一個高等級的事物，這就好比用小學生的數學知識去修改大學的數學教材。這麼做，當然是對高等級的事物，也就是「道」的偏離和歪曲。

還可以更詳細地證明《老子》的觀點：當我們用理性思維去描述世界的時候，需要使用概念。概念是甚麼呢？概念就好像是一個圓圈，規定了這個圈內的東西是甚麼，圈外的東西是甚麼。比如「蘋果」這個概念，就是在所有事物中畫了一個圓圈，規定在這個圈內的東西都叫「蘋果」，圈外的都不叫。

注意，這個過程裏有「圈裏」和「圈外」的概念。換句話說，我們要使用一個概念，首先就要有「裏外」的概念。但是前面說了，「道」無所謂大小、長短、多少，也

就同樣無所謂「裏外」，所以我們用一個人為的圓圈去劃分「道」，就等於是在偏離和歪曲它了。

還有一個更簡單的理解方法：我們可以把「道」想像成是一片混沌的大地，這裏是沒有人為痕跡的。我們在用理性理解「道」的時候，就需要在「道」這片大地上畫上一個個圓圈。這種畫圈的行為，就相當於在「道」上亂寫亂畫，每畫一個圈都是對「道」的歪曲和破壞。

總之，上面這三種分析說的是：當我們用理性思維描述「道」的時候，其實是在偏離、破壞和歪曲「道」。

接下來，我們來說明，當人們用理性思維指導自己行為的時候，也是在背離「道」。

證明過程和前面是一模一樣的。

當我們用理性去指導自己行為的時候，需要制訂一個個目標。比如「寫作業」的目標就是「完成作業」。當我們有了一個目標後，就等於設定好了方向。這就好比在「道」的上面畫了一條線，還畫上了一個箭頭。剛才說了，「道」其實沒有方向，所以設定和追求目標也是對「道」的歪曲，也就是「不自然」了。

我們今天還有類似的說法。當評價一個人的舉止或

者一件藝術品不夠「自然」的時候，我們會用「刻意」來形容。甚麼叫「刻意」呢？可以理解成，這個人做事的意圖讓人看出來了。我們一眼就看出來一個人做的某件事或者一幅畫的某一筆目的性太明顯了，就會說它太「刻意」了。

總而言之，當我們在生活中運用理性思維、做事情有目的性的時候，就屬於「不自然」了。

那「不自然」、堅持理性又有甚麼不好呢？

科學就是建立在理性的基礎上的啊。我們憑藉理性、依靠科學創造了豐富多彩的世界，讓我們能吃到美味的奶油蛋糕，看到精彩有趣的動畫片……這不是很美好嗎？如此說來，「不自然」不是一件大好事嗎？

《老子》說，不，這一切都是徒勞。

《老子》認為，萬物中都蘊含着「道」，「道」又是人類不可捉摸的，所以萬物運行的真正規律是人無法知道的。那麼，當我們朝着一個目標前進的時候，不一定就真的是在接近那個目標，也很有可能走向它的反面。

這就是《老子》的一個核心觀點：萬物的狀態都是在不斷、反覆變化的。[4]

如果人們非要在這個世界裏運用理性思維，非要用固定的概念去完成某個目標，那麼結果就是弄巧成拙，很可能越努力，距離自己的目標越遠。⑥ 這就是「物極必反」。⑦

　　那應該怎麼做事呢？《老子》認為，最好做甚麼事情都不要刻意，儘量不要有想法、有慾求、有目標。[5] 這就是《老子》主張的「無為」。

　　這個主張和我們今天的生活經驗很不一樣。在我們平時的生活裏，總是要設定目標，而且目標往往就是生活的中心：上學的目標是取得好成績；奮鬥的目標是獲得成功；生活的目標是收穫幸福；甚至有時我們拒絕奮鬥，躲在屋裏刷手機、玩遊戲同樣是有目標的 —— 追求此時的快樂。

　　假如沒有了目標，我們就沒有辦法正常有序地生活。但是，《老子》認為，追求目標是沒有意義的。因為生活裏所有的目標都不屬於「道」，它們是變來變去、無

---

⑥　參見：《老子》通行本第三十八章
⑦　參見：《老子》通行本第十六章、第四十二章、第五十八章、第七十九章

法控制的，所以都不能長久。即便我們能實現目標，得到的東西也是轉瞬即逝的。就好比説，我們認為努力學習和工作可以獲得知識、升職加薪，從而收穫幸福，但《老子》會反駁説，知識和財富很有可能帶來痛苦和災難，就算此時爭取到了幸福，這個幸福也是短暫的。

那甚麼是不短暫的呢？

在《老子》看來，這個世界上只有「道」是永存的。所以，我們只有「無為」，只有拋棄所有不符合「道」的東西，才能長久。[8]

聽完這套理論，你是甚麼感覺呢？

好像有那麼一點兒意思，但是真要按照這樣的原則生活呢，似乎難度很大。不過，我們先不着急討論怎麼生活的問題，因為《老子》這本書的重點不是指導人們怎麼生活。這本書最想講的，其實是政治學。前面講的「道」啊甚麼的，是為了它的政治觀點做鋪墊。因為當年《老子》的作者和先秦的其他思想家一樣，最關心的是怎麼拯救眼前的這個亂世，最關注的是怎麼能恢復當時世界

---

⑧　參見：《老子》通行本第七章

的秩序。

所以，我們先來看看，《老子》拯救世界的方案是甚麼，最後再回過頭看能不能按照《老子》的主張過好自己的生活。

甚麼都不幹就能拯救世界嗎？

《老子》拯救世界的方案和前面那套關於「道」的理論是一致的。

在《老子》看來，為甚麼當時的世界變混亂了呢？是因為君王們做的事情太多了，追求的東西也太多了。這些君王又是組織百姓搞生產，又是製造兵器忙着打仗，又是和大臣們鈎心鬥角……這些全是有慾求、有目的的事情。而這些事情做得越多，國家就越背離「道」；越背離「道」，社會就越不穩定，變得越來越亂。⑨

那怎麼辦呢？

《老子》的解決方案就是在政治上施行「無為」。當時

⑨　參見：《老子》通行本第五十七章、第七十五章、第七十七章

君王們熱衷於幹的各種事務，一律能不幹就不幹。

比如，孔子主張的「禮」，在《老子》看來，那就不能用。因為「禮」是人為的規範，那是違反「道」的，越搞社會越亂。[10]

再比如，當時有很多思想家主張要發展新技術、提高生產力、增加國家的收入。《老子》認為這也不行，因為這也是違反「道」的，財富和技術會讓人的心眼兒變壞，所以不能發展技術和生產力。[11]

《老子》還認為，學習知識會讓人遠離「道」，人越不學習越好。[12] 所以《老子》主張，君王不能讓百姓學習知識，不能讓他們變得太聰明了。如果百姓懂得的知識太多，這不僅背離了「道」，還會讓他們變得越來越不好管理。[13]

總而言之，《老子》希望天下所有國家都能降低生產力——國家小，人口少，百姓笨。最好每個國家的人口

---

[10] 參見：《老子》通行本第三十八章
[11] 參見：《老子》通行本第三章
[12] 參見：《老子》通行本第四十八章
[13] 參見：《老子》通行本第三章

少到鄰村的人之間都不互相接觸，這樣人們才不會為了爭奪土地和財富而打來打去。這就是《老子》理想中的世界，叫作「小國寡民」。

那這裏就有一個問題了。春秋戰國時期，諸侯國之間本來就在不停地打來打去，如果某個諸侯國的國君聽了《老子》的話，自己搞小國寡民了，而其他國家不搞，那要是其他國家的軍隊打過來，把這個「小國」給滅了怎麼辦？

《老子》説了，不用怕啊！「無為」是最接近「道」的辦法，「道」是長久的，所以「小國寡民」也是長久的。這麼做，這個「小國」應該比那些窮兵黷武的國家更厲害才對呀！[6]

也就是説，人們普遍理解的弱小，在《老子》看來，才是真正的強大。用《老子》的話說，叫作「柔弱勝剛強」，也就是我們今天習慣説的「以柔克剛」。⑭

按照《老子》的想法，假如現在有一個君王，他不積

⑭　參見：《老子》通行本第三十六章

極治理國家，也不努力建設軍隊，甚麼都不主動幹，隨遇而安，那麼，這個國家內部就沒有紛爭，天下太平，生活美好。等到其他好勝、愛打仗的強國「物極必反」，都自取滅亡後，世界就只剩下眾多由「無為」的君王統治的小國了，這個世界從此就能沒有戰爭，重新恢復秩序了。

顯然，《老子》的預言沒有實現，因為歷史並不是這麼發展的。戰國時期的結局，是強國吞併了弱國。在後來的歷史裏，也沒有出現過「小國寡民」全面戰勝強國的例子。《老子》「不應該發展生產力」的想法，更是和咱們今天熟悉的歷史規律完全相悖。

但是，放在《老子》寫作的那個年代，它的政治主張是可以被理解的。因為在春秋戰國那時的人看來，歷史的趨勢只有一個：越來越亂。

在整個春秋戰國時期，統治者和思想家、哲學家們想了各種各樣的方式來恢復社會秩序：有想恢復周禮的，有想發展教育的，有想提高軍事技能打仗的……結果如何呢？這個世界反倒是越來越亂。生產力是發展了，可是

百姓生產出的糧食和武器都交給了軍隊，導致戰爭的規模越來越大，那麼，照這個趨勢發展下去，最後的結局不就應該是打超級世界大戰，然後全世界一起毀滅了嗎？

所以，《老子》的作者就總結出一個規律：生產力越發展，這世界的戰亂就越多，給百姓帶來的傷害就越大；君王們越強國，最後就越容易走向滅亡。那麼，拯救世界的唯一辦法就是停止發展生產，讓大家倒退回低生產力的和平年代，並且永遠保持這個狀態。

這治國呀，就跟做菜一樣，有講究的。甚麼季節吃甚麼菜，甚麼火候做甚麼東西，甚麼時候放甚麼料，都有它自己的時間，急不得！

以《老子》那個年代的歷史經驗來看，這麼想有它的道理。但是，按照後來的歷史經驗，這些主張就大有問題了。

因為我們知道，在《老子》之後，古代中國找到了建立穩定大帝國的方式，陸續出現了漢唐等強大的統一王朝。在這些王朝裏，發展生產力非但不會帶來混亂和災難，反而會帶來更穩定的社會、更幸福的生活和更強大的政權。如果君王們真的按照《老子》的指導去治理國家，那麼，古代中國最遲到了漢代的時候，就會被來自北方的遊牧民族給踏平了。

因此，到了戰國後期，《老子》的政治理論要麼是被徹底拋棄，要麼是被改造成別的樣子，比如後面將會提到的「黃老道家」。最後，進入中國哲學史的只剩下了《老子》的本體論，也就是《老子》關於「道」的種種理論，這些理論被後來的中國哲學家們廣為借鑒。

當然，這些都是後話了。我們先不着急說這些後話，現在來看一看《老子》和我們的生活有甚麼關係。

我們可以達到「道」的境界嗎？

前面說過，《老子》認為，人只要能進入「道」的狀態就可以超越痛苦、洞曉真理，還能長存不朽，簡直就和神仙一樣。

這描述太誘人了，可是，這些說法到底是不是真的呢？如果我們沒有親身體驗，就永遠無法知道。

道理很簡單。因為「『道』是不是真的」這句話，它是一個理性的判斷。而「道」是超越了理性的，所以，我們就不可能用語言去討論「道」是不是真的。這就好比我們前面提到的，不能用小學的數學知識去驗證高等數學的真假一樣。

要想驗證「道」，唯一的辦法是切身感受，自己去體驗進入「道」是一種甚麼感覺。比如我們親自去按照《老子》的指導生活，然後看看到底有沒有超越時間和空間，有沒有找到萬物與我合一的感覺。

但是，這裏又有問題了。

第一個問題是，《老子》的主張，我們根本沒法實現。

《老子》裏說，要接近「道」就必須拋棄理性思維。那

麼，嚴格地說，人類只有在還是猿猴的時候，才能真正實現這個狀態，因為在那個時候，人類才不具備理性思維。等到人類產生了語言，有了名詞、動詞等一堆詞彙，就已經開始用概念和理性去理解世界，就是「不自然」了。

再等到人類學會農耕後，就更「不自然」了。因為農耕需要長達幾個月的勞動，人類要在這幾個月裏不斷地說服自己，此時的辛苦為的是幾個月後的回報。這是一個有明確目標和理性活動的過程，也就是說，如果沒有理性，人類根本沒法種地。

到了今天，情況就更複雜了。我們每天的學習、工作、交流，每時每刻幾乎都在運用理性。比如今天看來很簡單的一件事——買吃的，實際上就是一個複雜的理性活動。我們只有靠理性思維學習了「交易」「商品」「金錢」這些複雜的概念之後，才知道「我去商店付錢」這個和吃東西八竿子打不着的行為，竟然和「滿足食慾」之間存在着因果關係。

如果嚴格按照《老子》的要求，我們在現代社會裏甚麼事都做不了。我們只能衣來伸手、飯來張口，每天渾渾噩噩，在外人看來近似於「痴呆」。這種狀態，顯然是

絕大多數人都不願意體驗的。

　　當然，有很多人對《老子》的主張有所折中。他們會說，「自然」不是甚麼都不做，是做事的時候不刻意，腦子裏沒有雜念。比如吃飯的時候就認認真真地吃飯，別老想着「這飯好吃不好吃」啊、「吃完飯幹點兒甚麼」啊這些和吃飯本身無關的事情，那就叫「自然」了。用中國古代哲學家的話說，就是吃飯的時候心裏不能有「百種須索」「千般計較」。[15]

　　這個主張我們姑且認為它成立，但是接下來的問題是：我們怎麼能用「自然」的方式使用電腦和手機呢？

　　今天，電腦和手機的程序大都有十分複雜的操作路徑。我們必須記住「我要點開菜單—進入子菜單—選擇這個—選擇那個—啊不對重來」等等複雜的操作，而這一通操作，全都有着明顯的目的，並且不停地在運用人們的理性思維。那這裏面就包含了無數的「百種須索」「千般計較」，可怎麼辦呢？

　　當然，我們可以說，這跟吃飯是一個道理嘛！吃飯

---

⑮　參見：《景德傳燈錄》卷六

時候的各種動作，比如夾菜、咀嚼之類，經過我們常年的生活，已經變成肌肉記憶了；所以我們可以做到吃飯的時候沒有「百種須索」，不用思考筷子的使用技巧，不用想怎麼咀嚼，只要專注地「吃」就可以了。那使用電腦和手機的時候，只要我們熟悉了所有的操作，也可以達到「沒有須索」的狀態。

這沒問題。可是軟件增加了新功能怎麼辦？又需要下載一個新軟件怎麼辦？

當我們接觸到新功能、新軟件的時候，必須要學習、熟悉新的操作方式，這個過程不就又要「百種須索」了嗎？而且我們說過，《老子》反對學習新知識。現在我們換個軟件就得重新學習一次，更新之後又得學習一次，單單這學習本身，就違反了《老子》的主張。

所以，在今天要想實踐《老子》的教導，至少不能使用手機裏的大部分功能，不能使用各種新型的電子產品，甚至不能學習學校裏的知識，不能在現代公司裏工作。

這樣的生活，有誰做得到呢？

再退一步說，就算《老子》的指導可以實踐，我們可

以自己去體驗「道」了，但是接下來，又會出現一個詭異的問題。

　　即便我體驗到了「道」的感覺，並且這感覺讓我很滿意，我仍然無法確定「道」是不是真的。因為還是那句話，「確定『道』是不是真的」這件事，它本身就是一個理性的判斷。別忘了，《老子》一再強調，我們是沒有資格給「道」下任何判斷的。

舉個例子。按照《老子》的指導，我們有一天體驗到了一種「恍兮惚兮」的感覺，覺得自己好像和萬物融合在一起，這感覺很美妙。但問題是，我們怎麼確定這的確是永存不朽的「道」，而不是我們大腦裏的神經出錯了呢？在現代醫學裏，醫生已經發現，當人類服用某些有害的藥物、進入催眠狀態或者得了腦部疾病後，也會出現「失去了時間和空間」「覺得自己跑到了身體之外」「覺得自己和萬物合一」之類的感覺。

　　這看上去並不是《老子》描述的「道」。因為按照《老子》的説法，接近「道」的狀態可以長存。但是服用有害的藥物和得病，都會減損人的壽命，這和《老子》主張「人應該保全自己」的觀點是矛盾的。[16]

　　所以，我們只能辯解説，服用藥物甚麼的，那都不是真正的「道」，真正的「道」是另一種東西。可問題是，當我們自己體驗到「道」時，怎麼分辨那是不是真正的「道」呢？因為「道」是看不到、聽不見、摸不着，不能用語言描述的啊！

---

[16]　參見：《老子》通行本第十三章、第五十章

最後，我們就陷入了一個怪圈。從邏輯上說，《老子》所說的「道」可以存在，但在這個世界上，又沒有任何方法可以證明它真的存在。換句話說，這是一個「不可知」的問題。

對於不可知的問題，我們一般的做法是不相信它，否則就會陷入到另一個怪圈：如果我們相信不可知的觀點，那麼，要不要相信「《老子》對『道』的描述是個腦神經疾病患者在寫他自己的幻覺」呢？或者相信「《老子》是高科技外星人創造出來，目的是耍地球人玩的」呢？這些猜測也是不可知的。如果我們可以相信不可知的「道」，那為甚麼不可以相信這些猜測呢？

總之，有沒有「道」這件事是我們無法討論的。

不過，我們還可以再後退一步。假設《老子》中確實存在大智慧，那我們能不能運用其中的智慧去做一些可以實踐的事呢？換句話說，能不能用《老子》指導我們解決一些具體的人生問題呢？

《老子》指導了我們甚麼？

　　的確有很多人都是這麼想的。不少人把《老子》當成了成功學，覺得學習之後可以領悟大智慧，以後辦事就能無往不利。

　　可是，這種想法也有個邏輯上的問題：《老子》的主張是做事沒有目的性，不設定目標，而認為《老子》的觀點可以用來實現某個目標的這些人，他們的出發點本身就和《老子》背道而馳。

　　有些人覺得，《老子》裏記載的一些方法能讓自己成功、發財、學業有成。可是，《老子》認為人壓根兒就不應該成功、發財、學業有成，相反，這些東西還很可能會給人帶來麻煩和災禍。跟《老子》學習成功學，這完全是學反了。

　　《老子》壓根兒就不打算指導人們幹具體的事，所以，如果我們硬要把《老子》中的觀點拿出來指導生活，就會發現《老子》的主張根本沒法用。

　　為甚麼呢？因為《老子》只講原則，不講具體的方法。

　　甚麼叫「只講原則」呢？比如有一天，來了一位老師

給你講學習方法。老師説：「學習啊，一定要認真，要勤奮，要多花時間在學習上。但是呢，也要注意休息，不能太累。因為老話説得好，『欲速則不達』，所以我們還要注意勞逸結合。我們要在學習和休息之間找到一個平衡點，兩者相輔相成，這樣事情才能做好，學習才能學好。」

聽完這番話後，你有甚麼感覺呢？首先，這位老師説的一點兒毛病都沒有，我們挑不出一句錯話，但是，他的指導也沒法拿來用啊。「要注意休息」── 到底應該怎麼休息呢？「要注意勞逸結合」── 到底甚麼算勞逸結合呢？這些具體實踐的方法都沒有，所以這老師的話，我們覺得很「空」，沒有實際的指導意義。這種話就是只講原則，不講方法，就是「正確的廢話」。

相反，真正能幫助我們的是甚麼呢？是非常細緻的實際操作指導。比如老師告訴你：「我建議你每天連續學習 40 — 60 分鐘後，放鬆 10 分鐘。這 10 分鐘不要看書、不要玩手機，最好能閉目養神或者做些不劇烈的體育運動。」我們且不管這個方法是不是正確的，最起碼它是可以被執行的，是可以被檢驗的。我們可以親自實踐一

遍，如果這個方法不好用，就可以確信它不適合我，而不用再糾結這句話裏有甚麼「微言大義」了。這種具體的指導，就是「有用的方法」。

那麼，「有用的方法」和「正確的廢話」差別到底在哪兒呢？

差別就在於，在「有用的方法」裏，概念的邊界要更清楚。

還是老師指導你學習那個例子，在「正確的廢話」裏，老師說「學習要勤奮」，這裏就沒有定義甚麼叫「勤奮」。每天學習幾個小時，才能算「勤奮」？在沒有定義「勤奮」的情況下，任何一個孩子學習成績不好，其實都可以歸咎於「不夠勤奮」。如果這孩子每天學一個小時，就說他：「你應該每天學兩個小時！你不夠勤奮！」如果他每天學兩個小時，就說他：「你怎麼不學兩個半小時？你不夠勤奮！」如果這個孩子每天一睜眼就開始學習，飯也不吃，覺也不睡，學得都快吐血了，實在不能再延長學習時間了呢，我們還可以指責他：「你學習的時候注意力不集中，你這不叫真勤奮，你這是假勤奮！」你看，如果一個理論不把關鍵概念的邊界說清楚了，它就可以永遠

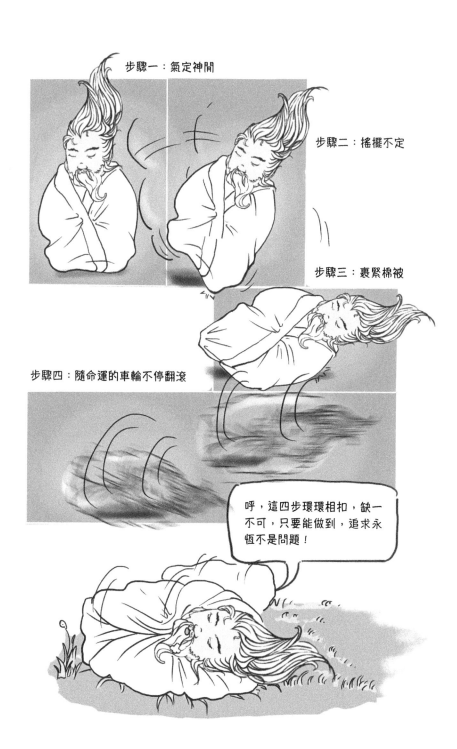

立於不敗之地。

更要命的是，既然這個理由可以永遠成立，那麼和它相反的理由也可以永遠成立。就好比一個孩子成績不好，我們同樣可以指責他「休息得不夠」。哪怕這孩子已經成天啥也不學了，天天休息了，我們還可以説他：「你休息的方法不對，你那不叫真正的休息！」怎麼説怎麼有理。

那怎麼才能讓「方法」變得「真正有用」呢？

那就需要把這段話裏的每一個概念都説清楚，讓它有一個清楚的定義。比如「如果做十道題錯三道，就説明你太累了，需要休息了」「無論怎麼學習，你都要保證每天至少八小時的睡眠時間」，這些具體的規則就界定了「勤奮」和「休息」這兩個概念之間的邊界，這樣才能把具體的操作方法説清楚。

相對而言，能夠把概念界定得更精確的工具是數字，所以科學研究中就特別喜歡用數字説話，這就是為甚麼科學在我們今天最「有用」。

而《老子》呢？最反對的恰恰就是精確地描述概念。因為「精確描述」就是在「道」上畫圓圈、畫線條，描述

得越精確，對「道」的破壞就越嚴重。所以，在《老子》中尋找「有用」的方法，相當於向不識數的人求教數學題，是完全問反了。

總而言之，從《老子》裏學不到成功學。

但是，這並不是說《老子》沒有用。

《老子》對「道」的描述在邏輯上非常完美，因此被後來的哲學家們繼承下來，他們在《老子》的基礎上修修補補，構成了各自的本體論。可以說，《老子》是中國哲學中的一塊基石。[7]

《老子》的觀點對於今天也仍然有用。《老子》的作者憑藉着天才般的悟性，發現了人類文明中一個致命的問題：理性思維是對世間萬物的歪曲。

舉個例子。

想一想，我們是怎麼用理性的語言來形容自己的感受的呢？我們可以用一大堆詞彙來描述，但是說出口的，終究也只是一堆詞彙，並不是自己真正的感覺。所以，人生中有很多感受是「只可意會，不可言傳」的，因為用「言」根本傳不出來。

甚至，理性也沒法準確地描述客觀事物。比如怎麼能準確地描述一塊石頭呢？我們可以把石頭所有的物理屬性都用數字表示出來，但是，人類的技術有極限（最小到量子狀態就測不準了），檢測物體有成本（列出一塊石頭的每一個粒子狀態的成本極高），而且就算把這些數據都列出來了，我們的大腦也無法理解。

所以，當我們用理性的語言去描述這塊石頭時，不得不用很多概念去粗暴地概括它。我們會說這是一塊「小」石頭，它是「灰色」的。在這個描述裏，無數大小不一的石頭，都會被概括在「小」這個概念裏；無數種顏色，也會被概括在「灰色」這個概念裏。這些描述都是不準確的，但是我們沒有辦法，因為理性語言的能力就到這裏了。

因此，我們不能說用理性語言描述的就是真實的世界，只能說，理性描述出來的只是這個世界的一個側面、一個局部或一個輪廓。而現代科學就是建立在概念和定義這些理性語言的基礎上，所以科學反映出來的，也並不是完全真實的世界。

《老子》主張的，就是這樣的觀點。

所以，我們今天的文明除了有講邏輯、講概念、講定義的理性世界，還有一個講感受、講狀態、講體驗的感性世界。一個是屬於科學的，一個是屬於藝術的，這兩個世界同樣重要。詩歌、音樂、繪畫、雕塑等藝術形式和科學一樣，也在試圖描繪世界的真相。

古代的中國和歐洲，就是從這裏走上了兩條不同的道路。歐洲人繼承了古希臘追求理性、講求邏輯的道路，最終發展出了科學；中國人則走上了審美、內省的道路，最後誕生了禪宗、理學、心學以及中國人獨有的審美趣味。

接下來，我們還是回到春秋戰國時期。《老子》的作者雖然絕頂聰明，但還是沒能恢復天下的秩序，這個越來越混亂的世界，總得有人出來拯救啊！

知識小結

- 《老子》認為，高於宇宙萬物的存在叫作「道」。

- 在《老子》看來，「道」超越了人們的認知能力，所以，我們對「道」的任何描述都是片面的。並且，我們在現實世界裏一切理性的思考、有目的的行為，都違反了「道」。

- 「道」是永存的，「道」之外的東西是暫存的。因此，《老子》認為，我們日常理解的一切事物都是暫存的。

- 《老子》認為，人們如果想追求長久，就應該拋棄理性思考，拋棄生活中一切刻意的行為。用《老子》的話說，叫作「無為」。

- 《老子》認為，國家如果想長久，就應該降低生產力，不發展技術，不讓百姓接受教育，用《老子》的話說，叫作「小國寡民」。這種「小國寡民」才是永存的，而那些發展生產、窮兵黷武的強國，注定會毀滅。

- 《老子》的政治學主張不符合後來的歷史經驗，並沒有被君王採納，也沒有改變當時混亂的世界。

- 《老子》的哲學主張很有啟發性，引領我們從另一個角度觀察世界。《老子》對人生的建議雖然沒有辦法真正執行，但是被後來的中國古代思想家、哲學家們改造，成為中國古人超脫世俗生活、尋求內心超越的指導手冊。

經典原文

- 《老子》第一章：「道可道，非常道。」

  這是通行本《老子》的第一句話中的第一個分句，表明了「道」的超越性。《老子》中的大多數觀點，都是從這句話引申出來的。

- 《老子》第五十八章：「禍兮，福之所倚；福兮，禍之所伏。孰知其極？其無正也。」

  這是《老子》裏很有哲理的一句話。《老子》認為，因為人把握不了「道」，所以所有的努力都是白費。你以為自己追求的是好的東西，說不定追求到的是壞的東西。特別是當人做錯了事後悔的

時候，會覺得這句話格外有道理。但這句話絕對否定了人的主觀努力，在今天看來是有漏洞的。

- 《老子》第五十二章：「守柔曰『強』。」
  「守柔」，是《老子》主張的行事原則。《老子》認為，既然努力可能也是白費，那麼不如守住初生、柔弱的狀態。

- 《老子》第六十章：「治大國，若烹小鮮。」
  這是《老子》核心的政治主張。治理國家這麼一件大事，在《老子》看來，應該像做小菜一樣輕巧。這句話把《老子》政治上的「無為」主張，化成了一個形象的比喻。

第 6 章

法家：拯救世界的新辦法

拯救世界還能有甚麼辦法？

春秋戰國時期的思想家們共同焦慮的是怎麼拯救眼前這個越來越亂的世界。

按照時間順序，他們大致經歷了三個階段 ——

第一個階段的口號是：「穩住，咱們能贏！」這一階段的思想家、哲學家們認為只要努力，還是能恢復社會秩序的。比如孔子、墨子、孟子，他們講的都是「咱們這麼着，這世界就能恢復秩序了」。

但是，第一個階段的努力全都失敗了，而且是各個角度的失敗：孔子從貴族的角度，墨子從平民的角度，孟子從本體論的角度，全都試了一遍，然而一點兒眉目都沒有。

於是，就有了第二個階段，很多人對拯救當前世界和未來失去了信心。比如前面說到的《老子》的主張就是「越幹越亂！要我看啊，得趕緊停手，啥也別幹，世界才有得救！」

在《老子》之後，還有一位名叫莊子的哲學家，他的主張更極端。莊子的意思是人就不應該把希望放在自己身

外的世界上。人不要去關心世界，只需要關心自己，讓自己超脫就行了。因為莊子的主張到了魏晉時代才大放光彩，所以我們暫且不談。這裏，我們只要知道莊子放棄得更徹底就行了。

總之，在第二個階段，思想家、哲學家們對拯救世界產生了逆反心理，給人一種「我太難了，太累了，地球趕緊毀滅吧」的感覺。

但是呢，這個世界上總有一些人不服輸。世道再糟糕，也總得想個辦法啊！

於是，就出現了第三個階段。處在這個階段的哲學家，他們的想法是：我們先別想這世界「應該」是甚麼樣了，還是先想點兒實際的。

甚麼是「實際的」呢？你看之前的那些哲學家，張口就是人類應該怎麼怎麼去生活，閉口又是這國家應該怎麼怎麼去治理。大話一套一套的，可問題是，有君王願意聽你們的嗎？你的主張沒人執行，那就都是沒有用的空話！①

---

① 參見：《韓非子‧五蠹》

那怎麼才能讓自己的主張被執行下去呢？

在現實世界裏，一個人能推行政策的前提是你得有能力讓文武百官、天下百姓聽你的，你的主意才有用。[②]簡言之，你得有「權力」。

那權力從哪裏來呢？我們先稍微討論一下，甚麼是「權力」。

首先，要區分漢語裏兩個容易搞混的詞：「權利」和「權力」。

這兩個詞普通話發音完全一致，只有一字之差，在語意上差別卻很大。在現代漢語裏，「權利」指的是法律賦予某人的、他應該得到的東西。比如我們每個人都有接受教育的權利，這是我們的「利益」，所以寫成權「利」。

「權力」不一樣，指的是掌控別人的一種能力。比如古代的地主可以指使他的奴隸幹這幹那，這就是一種「權力」。咱們談論中國古代史，談論古代帝王能幹甚麼、不能幹甚麼，談論古代的政治制度，這些都是權「力」。

「權力」從哪裏來呢？這個「力」字用得特別好，它就

---

② 參見：《韓非子·功名》

來自力量。就像「權力」對應的英文單詞是 power，這個詞就有「力量」的意思。

舉個例子。猩猩羣裏的首領，為甚麼有指揮其他猩猩的權力，並且可以吃到最好的食物？那是因為牠打得過其他猩猩，「力氣」比較大。權力，就是來自於最簡單的，物理學上的「力」。

再比如，古代兩國打仗，為甚麼大國能打贏，讓小國臣服於它呢？那是因為大國的士兵更多，他們能產生的「力」更大。士兵身上穿的盔甲、用的武器，需要本國的工匠花力氣打造，凝聚的也是本國人的「力」。

當然，中國古代統治者在計算自己擁有的「力」時，用的單位不是物理學上的「牛頓」，而是更容易計算的「人口數」。因為在農業時代，生產力的主要來源就是人的體力。所以，我們可以簡單地說，在古代，誰可以調動的人口數量越多，誰的權力就越大。

就好比在春秋戰國時期，為甚麼有一些貴族，雖然他們的身份比君王低，卻可以殺了君王取而代之呢？就是因為這些貴族擁有自己的土地、自己的人口，可以組織起一支屬於自己的軍隊。當他們擁有的人口數量大於君王

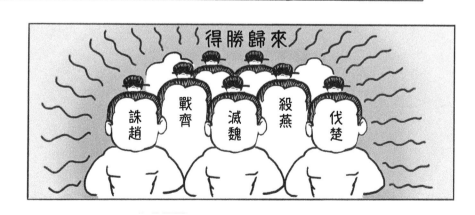

的時候，就很容易奪得權力了。

在這套邏輯下，當時那個世界的「遊戲規則」就很清楚了：要想擁有權力，就要控制儘可能多的人口，佔領儘可能多的養育人口的土地和糧食。

於是，到了戰國中後期，在很多諸侯國裏都出現了研究怎麼能讓君王擁有更大的權力、佔有更多的財富的哲學家，後世的學者把他們稱為「法家」。

用「規矩」能改變世界嗎？

在戰國時期，君王要霸佔人口和財富，最大的阻力是他們國內的貴族。所以，早期法家的哲學家們主要幹的一件事就是想辦法讓貴族交出自己手裏的土地和人口，讓君王直接統治。你可能在歷史課本裏看到過「改分封制為郡縣制」的內容，其實指的就是這個過程。

當年孔子、孟子那些人，在君王面前遇到的冷屁股總是比熱臉多。我們想啊，有幾個君王願意花錢請人天天指着鼻子對自己說：「你得善良！」

但是，君王對待法家哲學家們的態度就不一樣了。

遇見他們，君王們都特別熱情——法家這羣人可是實實在在給自己謀利啊！

所以，到了戰國的時候，不少諸侯國的君王都在法家的思想家、哲學家們的幫助下嘗試改變自己國內的制度，也就是古人說的「變法」。比如魏國的李悝、楚國的吳起以及最有名的秦國的商鞅，都在幫君王們幹這件事。

但是，這件事幹起來也不容易，主要有兩個困難。

第一個困難是這麼做會讓原來的貴族不高興，因為變法嚴重損害了他們的利益。不過，這個困難還好說，只要君王自己的實力夠強，活得時間夠長，就能靠暴力強制推行變法。

第二個困難就有點兒麻煩了：君王要怎麼管理那些新得到的土地和百姓呢？換句話說，分封制被打破了，就得建立一個新制度代替它，這個新制度是甚麼呢？

我們先說舊制度是甚麼樣的。

西周的舊制度，沿用的是人類自遠古時代就一直使用的家族模式——讓百姓以家族為單位生活，由家族的族長來管理他們。在這個制度下，一個大家族內部的事務，外人是沒辦法干涉的。說白了，如果不長期生活在一

個家族裏，那麼這個家族裏有多少口人，這塊田、那棵樹是誰家的，哪個人奸詐、哪個人老實，發生兩個人鬧矛盾的情況應該向着誰……這些信息外人都無從知曉，也就不可能公平地處理家族內部的事務。如果硬要讓一個外人來處理，就變成了「糊塗官斷糊塗案」，很容易引起家族成員的普遍不滿。所以，古代統治者能想到的最省事的管理方式，就是分封制——某一塊土地，我就委託給某一個家族，家族內部的具體事情我就不管了。

而到了戰國時期，君王們希望把這些家族都打破，讓他本人直接去管理一個個百姓。那麼，就必須有一個新的制度，把這些脫離了家族的百姓重新組織管理起來。

法家的哲學家們就找到了這個新制度。具體來説，就是他們設計了一套可以由官府去執行、用刑罰來貫徹的規矩。這套規矩就叫作「法」，[1] 我們可以把它理解成，這是在古代針對百姓（不包括君王）的一套刑罰制度。

「法」的出現，徹底改變了春秋戰國時期的社會形態。

你可能聽説過關於「商鞅變法」的一個小故事：傳説商鞅在開始變法之前，為了取信於民，在城門口立了一

根棍子，説誰能把這根棍子搬走，就給誰一大筆錢。大部分百姓都不相信有這種好事，只有一個人試着搬了。商鞅果然給了他一大筆錢，於是官府就此樹立起威信，變法就可以逐步推行了。[3]

　　這個故事乍一聽呢，好像是個講「言出必行」的哲理小故事，沒有多大意思。但如果我們把這個故事放到歷史的大背景下，就能發現其中有很強烈的象徵意義 —— 在

---

③　參見：《史記・商君列傳》

法家的主導下，出自官府的法令，要開始代替家族來管理百姓了。

在時代的轉折中，百姓突然被一個自己之前從沒有見過的新規矩所統治，這不是一件容易的事，所以以商鞅為代表的官府才需要用這麼極端的方式來樹立威信。以我們今天的經驗來看，那些不相信商鞅的百姓好像有點兒笨。但是，從當時的狀況來看，百姓只知道聽家族和主人的話，並不知道官府和法令是甚麼，所以他們不敢相信商鞅的反應才是正常的。

這個故事代表了一個用官府法規取代家族家規的新時代的到來。可是，這個新時代的到來並沒那麼容易。

在中國歷史上，有過很多次失敗的變法 —— 王莽、王安石、康有為等都「變法」過。這些變法的主導者在變法前一個個引經據典、頭頭是道，大道理一套一套的，聽上去他們的理論無比完美，但是最後卻失敗得相當慘烈。其中一個原因是這些主導者都在異想天開，他們是靠翻閱古書加上自己的瞎想，在書齋中設計出一套自以為完美的新制度。等到這些想法真正執行的時候才發現，歷史的規律和他們的空想完全不一樣。

歷史上，真正能夠成功的變法往往不是空想出來的，而是根據已有的成熟制度，一點一點改造出來的。

前面說的墨子、孟子和老子，多少都有點兒空想的毛病，因而他們的主張都有不切實際的地方。但是法家的哲學家們不一樣，他們更務實。他們不憑空想像，而是從現實中尋找已經被使用了很多年的舊制度，然後把這些舊制度挪用過來，修改一下，放到新的世界裏重新運用。

有甚麼舊制度可以借鑒和修改呢？答案是當時的軍事制度。

在春秋戰國時期，戰爭的規模不斷擴大，諸侯國需要不斷擴充兵源，甚至把普通的百姓也拉去打仗。在持續的戰爭中，軍事家們打磨出了一套指揮全體士兵、維持軍隊秩序的制度。這套制度裏沒有「禮」啊、「仁」啊之類的大道理，只有一個優點 —— 好用。因為打仗和學術辯論不一樣，不用動口，直接上手，凡是不好用的方法，結局直接就是戰敗了、死光了。所以只要是在戰爭裏留下來的制度，就一定是組織民力最高效的方法，法家的哲學家們只需要照搬過來就可以了。

不過，讀歷史時要小心這樣一點：在描述一段歷史變化的時候，歷史書為了敍述方便，往往會單獨挑出一個具體的事件，作為這場變化的標誌。比如從周朝到秦代的制度變化，就挑出了「商鞅變法」。一説到這場變革，我們第一時間想到的就是商鞅頒佈了多少新政策。

但是，真實的歷史並不是因為出現了幾個睿智的思想家、哲學家，大手一揮説：「這就是歷史大趨勢，我們就這樣幹吧！」就拐彎了。真實的歷史變革，往往是緩慢的、漸進的。

比如剛才説的，法家的哲學家們借用了軍隊制度來管理百姓，這其實不是法家的發明，早在法家策劃變法之前，軍隊制度就已經出現了。

過程很簡單。因為從春秋開始，諸侯國總打仗，君王們就想增加兵源。周朝的制度是只有住在城市裏和城市附近的人才有可能當兵，而那些住得離城市比較遠的百姓是不需要打仗的。現在戰爭多了，君王們就想把那些離城市比較遠的百姓也拉進軍隊裏。這個決定看上去簡單，其實會給當時的行政體系帶來一項重任：官府必須開始對這些百姓進行戶籍統計之後完成徵兵工作。換句話説，官

府得知道這些百姓平時都住哪兒，家裏有幾塊地，有幾個青壯年，別回頭一徵兵這些人就跑光了。

古代識字的人很少，管理戶籍這麼複雜的工作，怎麼開展呢？最方便的辦法就是把軍隊的管理和百姓的人頭一一對應起來。比如一個將軍平時率領一百個士兵，那這一百個士兵對應的家庭也讓這個將軍來管。平時不打仗的時候，這個將軍就作為「民政官員」，負責管理這些家庭。[2]

這個方法有很多弊病。比如軍事和民政工作其實是「隔行如隔山」，但是，這個方法最方便。對於春秋時期缺乏「行政經驗」的君王來說，用這個辦法立刻就可以組織起更多的軍隊來。

所以，在商鞅之前很早的時候，就已經有一些地區把軍事制度引入到地方行政制度中去了。[3]

法家厲害的地方在於他們敏銳地發現應該把這個制度推廣到全國。於是，他們把這套制度規範化、嚴密化，形成了一套全體百姓都必須遵守的規矩，也就是「法」。

舉個例子。

古代軍隊有一大苦惱，就是怎麼防止士兵逃跑。為

了解決這個問題，難道單獨弄個督戰隊？這太麻煩，效率也太低。結果古代軍隊採用了簡單粗暴的「連坐」制度，就是一人犯罪，其他人也跟着受處罰。

我們今天有一個「伍」字，用來指代軍隊。比如「軍伍」「隊伍」。「伍」這個字，本意是古代最小的軍事單位，就是字面意思：五個人。古代的軍隊就規定了，這五個人的小團隊裏，如果有一個人逃跑了或者犯了其他罪行，其他人沒有及時阻止或者報告，那就把這些人都殺了，[④]就連他們的上級也要受到懲罰。總之，就是一個人犯錯，和這個人有關的其他人跟着一起遭殃。

這規定公平嗎？一點兒都不公平。但是，古代的統治者才不在乎甚麼公不公平，他們在乎的是高效率。「連坐」的好處是不需要設計複雜的監督制度，能讓士兵們自己監督自己，用今天的話說，這樣管理成本可以降到最低。

商鞅就把連坐制度挪用到了百姓身上。他在秦國的百姓中施行以「伍」為單位的家庭小組，這樣，如果一家

---

④　參見：《墨子·號令》

犯法，其他家庭不告發這家就全部「連坐」。⑤

我們今天有一個詞叫「四鄰」，就和這套制度有關。秦朝時，五個家庭是一「伍」，也就是說，自己家和周圍的四家鄰居是一「伍」的，周圍這四家人就是我的「四鄰」。⑥四鄰之間雖然有互相幫助的義務，但更多的是一起連坐的恐懼和互相監督的警惕。所以，「四鄰」在當時的含義，要比今天黑暗很多。

我們剛才說了，管理百姓這項日常工作特別複雜。兩家吵架，如果不熟悉這兩家平時的為人、過去的往來，官府很難判斷誰是誰非。等到商鞅這裏，這事就簡單了。一切的公平正義，乃至於這兩家人對審判結果服不服氣，都要為效率讓路。能講理，咱們就講，秦朝為解決基層糾紛也的確制定了不少法律。[4] 但萬一沒處講理了怎麼辦？那你就得給效率讓路了，因為在法家的眼裏，百姓是給君王提供糧食和軍隊的機器，⑦誰會跟機器講甚麼公不公平啊？

---

⑤　參見：《史記・商君列傳》
⑥　參見：睡虎地秦簡《法律答問》
⑦　參見：《韓非子・備內》《韓非子・六反》

連坐制度只是商鞅變法裏的一小部分，商鞅更大的動作是利用軍事制度把整個秦朝的社會結構都改變了。過去，西周講的是大家族的分封制，是晚輩必須服從長輩的「禮制」。而在商鞅的主導下，秦國打破了過去的貴族等級，改成了「軍功制」，也就是哪個老百姓給君王上交的糧食多，在戰場上殺的敵人多，這個人在當時的社會地位就高。

說白了，商鞅把秦國變成了一個大軍隊，整個軍隊的最高指揮者是秦王。在軍隊裏，指揮全軍上下的權力都掌握在指揮官一個人的手裏；在秦國，自然全國的權力都掌控在秦王一個人的手裏。

如此，法家助力君王追求權力的目標實現了。

但是，商鞅的下場卻很慘。這又是怎麼回事呢？

法家的商鞅做錯了甚麼事？

商鞅雖然在秦國變法成功了，但是他的下場卻非常慘，原因是商鞅只維護秦王一個人的權力，自然就得罪了其他貴族。在秦王活着的時候，那些貴族就很想弄死商

百姓是君王隨意役使的工具
——韓非子

軼，以至於商鞅出門時隨身都要帶着一支重裝部隊。⑧ 等到秦王死後，貴族們更是公開迫害商鞅，最後把他殘忍地殺死了。另一個在楚國變法的吳起，也慘死在貴族的弓箭下。

商鞅、吳起等人的下場給後來的法家留下了一個慘痛的教訓：要想得到權力，不僅僅要握緊手裏的兵和錢，還要時刻提防來自身邊的敵人。

怎麼控制百姓，維持社會秩序，從百姓手裏搶奪財富的學問，在當時叫作「法」，這是公開的法度。而怎麼

---

⑧　參見：《史記‧商君列傳》

提防、算計身邊的人，既能害人又不會被別人害的策略，在當時叫作「術」，這是隱祕的詐術。

在商鞅之後，另一個法家學者申不害就提出「術」，專門講怎麼耍陰謀詭計，怎麼和別人鈎心鬥角。[5]

這「術」一提出來，法家發現這套本事不僅對自己有用，對君王更有用。因為對於君王們來說，威脅最大的往往不是國境外面的敵人，而是身邊的親戚、權臣。在整個中國古代，無數君王都倒在了宮廷政變中。退一步說，就算親戚、權臣不造反，他們當中還有很多人想盡辦法向君王阿諛逢迎、投機耍滑、謀取私利，君王們眼巴巴地盼着能有一套方法來對付他們。

孔子說，解決問題的方法是提拔那些懂「禮」的人當大臣。

孟子說，君王對大臣好，大臣自然就對君王好。[9]

《老子》說，一切都得「無為」，君王面對臣子得放低自己的位置。君王在臣子面前越謙卑，這個國家才能越來越好。[10]

---

⑨　參見：《孟子·離婁下》
⑩　參見：《老子》通行本第六十八章

法家説，這仁義哪兒管用啊，咱們得以毒攻毒啊！大臣想戲弄君王？那如果君王比大臣還懂陰謀，君王不就贏了嗎？[11] 所以，最正經的事是總結出所有的陰謀詭計，讓君王偷偷學習了，他的權力才能穩定。

　　如果你是君王，你願意聽誰的話呢？

　　在申不害之後，有一位法家代表人物被我們稱為「韓非子」。他結合了前人的主張，又講「法」，又講「術」。他告訴君王，對付百姓就用「法」，對付官吏就用「術」。[12]

　　這就等於説，韓非子給君王準備了一套全方位強化權力的執行手冊。君王們照着去做，既能掌握天下的人力、物力和兵源，又能把羣臣控制在手掌心裏。這樣的方法，哪個君王能不喜歡呢？

　　果然，韓非子的著作傳到了秦國。秦王看了以後，喜歡得不得了，甚至説，我死都想見見這個人！[13] 你看，韓非子的待遇，可比當年的孔孟強多了。照這麼説來，

---

⑪　參見：《韓非子・奸劫弒臣》《韓非子・外儲説右下》《韓非子・六反》《韓非子・八説》

⑫　參見：《韓非子・定法》

⑬　參見：《史記・韓非列傳》

法家就是富貴的敲門磚，學法家就應該一輩子大富大貴才對啊！

可事實並不是這樣。

最關鍵的原因是法家太薄情了。

法家看待世界的眼光最現實，所以，他們認為人和人之間沒有感情，只有利益。孔孟從父母和子女的關係中，看到了人和人之間的親情。但是韓非子觀察到，當時很多窮苦的百姓為了多養活勞動力，只保留男嬰而殺掉女嬰。於是他說，你看，這人間哪有甚麼親情，只有赤裸裸的利益！⑭

法家認為，人和人之間的交往，一切都以自己的利益最大化為前提。⑮法家是這麼勸說君王的，也是這麼踐行自己人生的。

韓非子的老師是荀子，在荀子的門下，還有另一個學生叫作李斯，這個李斯也是法家的信徒。

---

⑭　參見：《韓非子·六反》
⑮　參見：《韓非子·心度》《韓非子·外儲說左上》

李斯這個人一輩子痴迷於名利。他年輕的時候是個基層的小官，有一次，他見到廁所裏的老鼠吃着骯髒的食物，吃東西的時候，牠的神色特別慌張，後來，他又見到糧倉裏的老鼠，不但吃的是好米，還住在大房子裏，根本不擔心人的侵擾。作為一名法家信徒，李斯總結出了自己的人生經驗：一個人的社會地位決定了他有沒有出息。⑯ 在他看來，人要想得到名利，就得不顧一切地往上爬呀！

於是，李斯就拼命鑽營，後來終於在秦國謀到了職位。就在這個時候，韓非子寫的書傳到了秦國，受到了秦王的讚譽。不久，韓非子又作為當時韓國的使者出使秦國。韓非子和李斯是同門，如果是孔子遇到這件事，應該是「有朋自遠方來，不亦樂乎？」發自內心地為同門的到來而感到高興。可是，信奉法家的李斯反倒慌張起來，擔心秦王一旦重用韓非子，自己就會受到輕視。於是，李斯就向秦王進讒言，把韓非子給害死了。⑰

---

⑯　參見：《史記・李斯列傳》
⑰　參見：《史記・韓非列傳》

在法家看來，這就是一個人人為己的世界，如果你不想吃虧，就要先把別人除掉甚至害死。

這麼想對嗎？

人不為己，就要天誅地滅嗎？

其實，以我們今天的倫理學和社會學來看，認為「人都是自私的」不算是一個錯誤。現代社會在制定規則的時候，也是利用了每一個人的「私心」來提高全社會福祉。事實證明，尊重「私心」的社會的確可以創造出更多的財富。

但是，這並不意味着人性中就沒有無私的一面，也不意味着人們不會主動敬老愛幼、救助貧苦。在今天，即便是在那些強調私人利益的國家裏，慈善機構仍然是一種重要的社會力量。人們憑藉自發的善心，同樣挽救了無數生命。

所以，人性是複雜的。在今天的社會裏，我們既承認人的本性是自私的（所以我們不會因為別人不捐款去打他一頓），我們也相信有很多人可以超越自私（所以我

們不會嘲諷那些獻身慈善事業的人都是沽名釣譽的偽君子）。這樣一個承認人性多樣性的社會，才能最大化地創造幸福。

可是，法家把人性想得太極端了。在他們的眼裏，人性裏只有自私，儒家講的仁義道德全都會耽誤事，是對「法」的破壞。[18]

比如，孔子主張的「親親相隱」[19]，認為父親犯罪，兒子不許告發。因為親人之間互相檢舉，那是對親情、對「禮」的破壞。可在法家看來，孔子的主張就是在破壞「法」。

再比如，孟子說做人要有氣節，應該「富貴不能淫，貧賤不能移，威武不能屈」[20]。法家則認為，君王駕馭別人的祕訣是「賞」和「罰」。[21]如果一個人又不愛錢，又不畏刑罰，那這人就沒法管了，像孟子這樣的人，就得一刀殺了。[22]

---

[18] 參見：《商君書・勒令》《韓非子・五蠹》
[19] 參見：《論語・子路》
[20] 參見：《孟子・滕文公下》
[21] 參見：《韓非子・二柄》《韓非子・八經》《韓非子・制分》
[22] 參見：《韓非子・外儲說右上》

　　因此，法家絕對不能容忍儒家思想的存在。而且在法家看來，不僅是儒家，所有的道德都是對「法」的破壞。官員們平時該做甚麼，「法」都已經規定好了，[23]如果再講道德，這些道德標準就可能和「法」產生衝突，就會破壞「法」。[24]

　　除此之外，法家也不允許我們今天提倡的學術自由。因為一旦學術自由就會有各種各樣的觀點，有了觀點

---

[23]　參見：《韓非子・孤憤》
[24]　參見：《商君書・勒令》《韓非子・詭使》

就會有爭論，最後就會有人爭論「法」是不是合理，然後就會有人不去守「法」，[25] 法家自然也不能容忍。

在中國古代的官僚系統裏，有兩種官員。一種官員需要做出各種判斷和決策，比如一個縣官，需要斷案，需要決定甚麼時候修路，甚麼時候賑災……這類官員，在古代叫作「官」；還有一種官員，只負責執行法律條文和上級的命令，他們自己沒有決定權，這類官員，在古代叫作「吏」。

法家理想的社會是全社會都是執行「法」的「吏」，所以，法家主張「以吏為師」。[26] 就是說，百姓不需要上學，不需要從老師那裏學習甚麼思想和主張，通通按照「吏」的指令做事就行，這樣的社會就可以像機器人那樣一絲不苟地運行了。

所以，秦始皇統一了中國後，在李斯的主導下，禁止民間開設學校。在民間，除了講占卜、農學、醫學這種技術性的「理工科」書籍外，其餘的書籍全部銷毀，[27] 這

---

[25]　參見：《商君書・修權》《韓非子・問辯》《韓非子・五蠹》
[26]　參見：《商君書・定分》《史記・秦始皇本紀》
[27]　參見：《史記・秦始皇本紀》

就是歷史上有名的「焚書」。

經過這通操作後，秦始皇統治的天下就變成了法家心目中的理想社會：除了君王之外，每一個社會成員都如機器般精準地執行法令，不會思考，不會質疑，這樣就可以恢復自西周之後日益喪失的社會秩序，建立一個億萬年不倒的穩定社會。

法家認為，這就是拯救世界的最終答案。

然而，他們錯了。

知識小結

- 法家認為，人的本性是自私的，人們看重自己的利益高於一切。

- 在法家看來，作為君王，最重要的是掌握權力。用法家的話說，就是要有「勢」。

- 法家認為，掌握權力的方法有兩種。對百姓，君王要制定嚴刑峻法，用軍事制度管理百姓，把百

姓像牲畜一樣驅使，這叫作「法」；對官員和權貴，君王要耍陰謀詭計，用計謀和策略把大臣們玩弄於掌心，這叫作「術」。

- 法家殘酷無道，但是在短時間內提升了秦國的國力，幫助秦國打敗了六國。但是，法家把人性看得太極端，否認人性中善的一面，這為秦朝日後的滅亡埋下了種子。

經典原文

- 《韓非子·六反》：「君上之於民也，有難則用其死，安平則盡其力。」
  這句話概括了法家的政治觀，即百姓是君王可以隨便奴役、驅使的工具。

- 《韓非子·五蠹》：「儒以文亂法，俠以武犯禁。」
  這句話概括了法家的思想文化觀。法家反對一切自由的思想和行為，所以他們反對其他學派，也反對遊俠。但是，後世其他學派的學者層出不窮，俠義精神同樣源遠流長。

第 7 章

董仲舒：發現歷史
答案的「宗師」

為甚麼強大的秦朝這麼快就滅亡了？

秦國在使用法家提倡的制度後，達到了效率最大化，再加上秦國坐擁關中地區的地理優勢，於是，最後打敗了六國，統一了天下。從此，中國歷史進入了「秦」的時代。

秦始皇是靠法家的制度把全國的權力集中到自己手上的，也是靠法家的制度征服了當時的天下，所以，秦始皇就想當然地認為應該在所有的地方都施行法家制度，這樣才能把全天下的權力都集中到他一個人的手裏。於是，秦國在已經征服的地區設立了郡縣。每一郡、每一縣，都由秦國派遣的官吏按照《秦律》嚴格管理。從此以後，普天之下的每一寸土地，每一個壯年男子，理論上都在秦始皇的直接控制之下。這是華夏文明自誕生以來，從來沒有人能完成的功業。

所以，秦始皇非常得意。他以為，自己找到了恢復世界秩序的答案；他以為，有了法家的制度，他的王朝就可以永遠延續下去。[1]

---

[1] 參見：《史記‧秦始皇本紀》

結果，就在秦始皇去世後一年，天下大亂。之前被秦國征服的諸侯國又紛紛自立為王，天下又回到了羣雄爭霸的混亂時代；僅僅又過了兩年，秦朝就滅亡了。

為甚麼秦朝滅亡得這麼快？以今天的「後見之明」來看，主要有兩個原因。

一個原因是，秦朝統治面積的擴大，急劇增加了管理的成本。

秦始皇的目標是要把天下所有的權力都集中在自己的手裏。為了實現這一點，最理想的狀態是把天下的糧食都集中在他的身邊，來供養他的軍隊。可是，古代的交通技術很差，運輸成本很高。在長途運輸中，運糧的成本高出糧食本身很多倍，這就造成了巨大的經濟支出。[2]

秦始皇不可能把所有的財物都運到他眼皮子底下來，大量的糧食等物資只能儲存在當地。這些財物名義上都是屬於秦始皇的，但是他既看不見又摸不着。如果經手的官吏偷拿走一些財物，然後向君王撒謊說倉庫裏的財物本來就只有這些，那怎麼辦？君王也沒有別的辦法，

---

[2] 參見：《史記・主父偃傳》《賈誼新書・屬遠》

只能用複雜的制度去監督下屬。

比如秦朝的法律規定，官員要定期檢查倉庫裏有沒有老鼠洞。有兩個以下的老鼠洞，口頭批評；有三個以上的老鼠洞，罰款處理；甚至還規定，如果是小老鼠的老鼠洞，三個洞算一個洞。[3] 這些工作做起來太瑣碎了，但是，只有通過這麼細緻的檢查，才能用制度來對抗人的私心，保證財物不被君王之外的人放進自己的腰包。

可是，在技術條件很有限的古代，這麼繁複的工作需要投入巨大的成本 —— 那個時代沒有紙，培養一個識字的官吏，以及大量的文書撰寫工作，都要花很多錢。

此外，距離也增加了管理的成本。秦朝疆域廣大，我們今天一個電話就可以傳遞的消息，在秦朝要靠人力傳遞，最長需要好幾週的時間。[1] 緩慢的溝通速度，進一步降低了管理的效率。

效率降低是一件很要命的事。

治理國家也類似於做買賣，要精打細算、控制成本。用今天的話說，至少國家從百姓手裏收上來的稅賦，

③　參見：《秦律十八種・法律答問》

得夠付官吏和軍隊的工資、官府的辦公費用才行。可是，隨着秦朝統治疆域的擴大，管理偏遠地區的支出越來越高，等到支出大於稅收，這樣的管理就成了一個賠本的買賣。為了滿足不斷增多的支出，就只能增加百姓的納稅金額。如果百姓也負擔不下沉重的賦稅了，那麼這個國家也就治理不下去了。[2]

秦朝迅速滅亡還有另一個重要原因：秦國的民風和其他國家不太一樣。

秦國原本發源於邊疆地區，「周禮」在秦國的根基沒有那麼穩，所以法家制度在秦國推行的時候，阻力就很小，百姓很容易就接受了。[3] 而且秦國在統一六國之前，已經施行了法家制度很多年，因此秦國的百姓已經適應了這種生活方式。

但是，其他六國不一樣。秦始皇在很短的時間內攻滅六國，並且迅速推行秦朝的制度，相當於讓那些被統治地區的百姓，在很短的時間內體驗並接受一套全新的社會制度。偏偏秦朝的制度又不拿百姓當人看，主張效率大於公平，國力大於良善，誰不聽話就砍誰。這樣的制度，自然會讓六國的百姓產生巨大的抵觸心理。[4]

更要命的是，法家講的是「法不容情」，不允許任何因素破壞「法」。④ 官吏是「法」的無情執行者，而不是官府和百姓之間的潤滑劑，百姓和官府之間沒有任何的緩衝地帶。面對官府的壓迫，百姓要麼服從，要麼被殺。因此，一旦官府給百姓的壓力過大，整個行政系統就會像壓碎的石頭一樣崩開。政權的滅亡，就在轉瞬之間。

總結成一句話：陡然擴大的領土，讓原本靠法家強國的秦，成了強弩之末，最終讓看似強大的秦朝轉瞬之間分崩離析。

可是，我們也說了，上述這些成敗經驗，都是我們積累了幾千年歷史教訓的「後見之明」，當時的人並不知道。

秦朝滅亡以後，當時的人看到的是一個已經沒法拯救的世界——

自從「周禮」崩潰以來，人們經歷了孔子、孟子、墨子等人的拯救方案；經歷了老子、莊子逃避退縮的治國策

---

④　參見：《韓非子・八經》

略；最後經歷了法家的雷霆霹靂，好不容易把天下統一了。雖說法家的方法殘暴，但好歹是終結了亂世，總算給恢復世界秩序找到了一個答案。

可是接下來怎麼着？秦朝瞬間崩潰，諸侯並立，一夜之間，亂世又回來了？！這甚麼時候是個頭兒啊！

秦朝崩潰以後，很多政治家、思想家、哲學家對於「到底該怎麼維持天下秩序」這個問題，徹底蒙了。

秦亡後，最先控制天下的是項羽。但是項羽沒有讓自己當帝王，而是分封了諸侯，把自己封為「西楚霸王」，當了諸侯的盟主，他似乎是想讓天下回到當年西周的模式。

但是分封制的弊端我們之前說過，一旦諸侯的勢力變大，就會挑戰盟主的地位。而且秦末之際，生產力已經比西周提高很多，一方諸侯都可能橫掃天下，因此分封制不可能長存。在項羽分封諸侯後不到半年，劉邦就起兵造反了。幾年以後，劉邦打敗了項羽，統一了天下。

但問題是，劉邦也不明白應該用甚麼方法來維持社會秩序。像項羽那樣的分封制肯定是不行了，可像秦朝那樣用法家制度也不行啊。

最後，劉邦來了一個折中的辦法。

首先，他把天下一分為二，距離當時首都近的地方，採用秦朝的郡縣制直接控制；而距離首都遠的地方，則採用分封制間接管理。

其次，他對百姓採取「儘量不干涉」的政策。也就是說，這個地區的百姓原本習慣甚麼樣的政策，朝廷就採用甚麼樣的政策。百姓最敬重當地哪些有威望的長輩，那麼官府也跟着尊重這些長輩。用今天的話說，就類似於：「我們官府啥也不管，有事兒您自己看着辦。只要好好交稅，不跟官府叫板，您願意怎麼着就怎麼着。」[5] 總之，這樣做的目的是力求大家都開心，國家不出亂子。

這樣一來，官府的管理成本就降下來了。因為在很多地區，官府只需要和當地有威望的族長達成協議即可，不用干涉具體的事務，這樣就省去了大量的工作。如此一來，國家節約了管理成本，也就減輕了百姓的賦稅。

再次，官府和百姓之間也有了地方長者這個潤滑劑。百姓之間的矛盾均由地方長者解決，而長者要維持自己的威望，裁決的結果就要儘量服眾，進而減少了百姓對官府的不滿。

前面說過，百姓的目的不過是「苟活」而已，既然官府的壓迫有了緩衝，又減輕了賦稅，百姓自然不會主動造反。再加上連年戰爭打得民生凋敝，百姓連活下去都很不容易了，更沒人有能力再去組織大規模的戰爭了。

於是，天下就這麼漸漸地恢復了太平。

但問題又來了，這治國不能一直湊合着來啊！

天下是暫時太平了，但是漢朝的統治者們並沒有弄明白，到底是因為啥這世界才實現太平了，怎麼幹才能繼續維持更長久的太平呢？

說白了，漢朝的統治者們不能天天傻坐在屋裏啥也不幹，他們得把天下最聰明的人召集到一塊兒，合計合計，這國家接下來到底應該怎麼治理呢？

當年，秦始皇在李斯的建議下，禁止了天下的學術自由。漢初的統治者首先取消了秦朝的禁令，向天下徵集圖書。在秦朝時不敢說話的各路學者，現在都可以聚到漢朝統治者的身邊了。

那麼，這些聰明人能提出甚麼新的建議呢？

「黃老道家」有甚麼治國祕訣？

這裏，咱們先總結一下，漢代之前的思想家、哲學家們都有甚麼觀點。

你可能聽過「儒、法、道」這樣的說法。

漢代之前的中國哲學，大致可以分成「儒、法、道」三個學派。

前面提到的孔子、孟子和荀子，他們屬於「儒家」。簡單地說，儒家最看重人和人之間的倫理關係，特別是親情。比如在儒家看來，「兒子要對父母盡孝」就是一件非常重要的事，甚至比法律更重要。如果為了盡孝而違反法律，法律是可以通融的。

前面提到的商鞅、李斯和韓非子，他們屬於「法家」。簡單地說，法家最看重的是君王的權力和無情的法規。在法家看來，為了維護權力，可以不擇手段；為了維護法律，可以使用酷刑。

前面提到的老子、莊子，他們屬於「道家」。簡單地說，在道家看來，我們在現實世界中的各種努力都不重要，人生的目標應該是超越世俗世界，追求精神上的

超脫。

要注意的是，「儒、法、道」這三家之間的區別並不是那麼明確。

在有些人的印象裏，「儒、法、道」三家好像是三條平行流淌的河流。每一條河都有自己的思想傳承，它們按照各自的思路悶頭往前奔。但是，真正的歷史不是這樣，在歷史現場中，這三家是互相糾纏的。

道理很簡單。每一代思想家、哲學家，他們並不會認為「我只學一個學派的知識，我要當一個偏頗的思想家、哲學家」，而是會去學習一切已有的學說，收集所有的歷史經驗，把這些學說和經驗融合在一起，得出一個自以為完美的、可以解決一切疑問的答案。

我們可以把中國哲學史想像成是一輛大車。這輛車上有三根繩子，「儒、法、道」三家的哲學家們各拉着一根，每一家拉的方向都不太一樣。大車在三根繩子的合力作用下前進，有時候往路的左邊偏一點兒，有時候往路的右邊偏一點兒。但無論偏向哪邊，三根繩子都拴在那輛車上，大家發力的位置都差不多。

舉個例子。

前面說過，孔子、墨子、孟子因為自己的歷史經驗有限，都提出了一些不切實際的政治主張。但是，到了戰國中後期，在頻繁的兼併戰爭中，人們已經發現這世上的人心沒有孔孟想像得那麼好。於是，那時的思想家、哲學家們有了偏向法家的趨勢。

比如荀子，我們今天說他屬於儒家，是因為荀子和孔子一樣，都希望恢復「禮」。但是荀子認為，人的天性

是貪圖名利，而不是追求善良。⑤ 所以，要恢復「禮」不能光靠個人修養，還得靠外在的規範去強制約束百姓。在荀子這裏，「禮」就有點兒像法家主張的「法」了。而且荀子教出來的學生李斯、韓非子，正是法家的代表人物。

再比如，道家原本的主張是「道」，是人類無法掌握的，所以國家不能發展生產力，否則越發展滅亡得越快。可後來的歷史顯然不是這樣，兵馬越多的國家越容易滅了別人。於是，戰國後期的學者就把道家的思想改造了。

這派學者為了抬高自己的地位，聲稱他們的理論部分來自《老子》，部分來自古代偉大的帝王「黃帝」，所以這派學者被稱為「黃老道家」。

「黃老道家」修改了《老子》關於「道」的主張，他們認為「道」的規律是可以掌握的。誰能掌握呢？就是君王。君王掌握了「道」，再根據「道」去制定法規來約束百姓。所以這個世界離不開君王，因為君王管理百姓是合理合法、符合天道的。

你看，這套說辭是不是很像法家？他們一方面論證

---

⑤　參見：《荀子·榮辱》

了君王管理百姓是理所當然的，這類似於法家的「勢」；一方面論證了君王應當順應「天道」制定法規，這類似於法家的「法」。

法家一共有三個主張，「勢」（權力）、「法」（法律）和「術」（權術）。現在「勢」和「法」，「黃老道家」都有了，就差一個「術」。「黃老道家」說了，「術」我們也有啊！比如說「以柔克剛」，就是要假裝柔弱，麻痺對手，再找機會消滅對方。

你可能還記得，《老子》的「以柔克剛」只是在闡述一種必然規律。說的是柔弱的、不爭搶的事物留存的時間更長，爭強好勝的事物反而毀滅得更快。這本來是主張人應該保持柔弱的姿態，但是到了「黃老道家」這裏，「以柔克剛」改頭換面，變成了耍陰謀詭計。

總而言之，到了戰國中後期，思想家、哲學家們已經達成了幾個基本共識：

第一，羣臣和百姓要服從君王的個人意志，君王的地位最高。（也就是法家主張的「勢」）

第二，治國不能光依靠人們內心的善念，還得用外在的規範限制羣臣和百姓。（也就是法家主張的「法」）

第三，在政治活動裏，君王得掌握一些權術，懂得一些陰謀詭計。(也就是法家主張的「術」)

這幾個共識不是大家商量出來的，而是戰國中後期的歷史經驗證明出來的 —— 只有遵守這些原則的諸侯國，在戰爭中才不吃虧。

戰國時期最後勝出的法家是把「勢」「法」「術」發揮到極致的學派。所以我們可以說，法家的勝利不是某個人的意志，而是歷史發展的必然結果。

在今天，人們同樣有很多不同的社會觀點。你可能見過有些人為了這些分歧爭執不休，甚至會大打出手。可是，如果我們仔細觀察，其實大家爭論的，都是一些相對比較小的問題。在很多「大問題」上，人們已經達成了共識。比如，今天大多數人都相信：這個社會應該人人平等，應該尊重勞動者、尊重法律，自由公平的市場環境可以創造更多的財富等等。這些問題已經被過去的歷史經驗反覆驗證過了，所以沒有更多討論的必要。

今天，人們爭論的大都不是上面那些大問題，而是一些具體的分寸和技巧。比如，人人都主張應該保護弱

小，而很多人爭論不休的是具體應該怎麼保護：到底從富人那裏收百分之幾的稅，分配給貧苦到甚麼程度的人，具體用甚麼方式分配。這個「百分之幾」「貧苦到甚麼程度」，就是人們爭論的「分寸」；「用甚麼方式分配」，就是人們爭論的「技巧」。

古代也是一樣。到了漢初的時候，思想家、哲學家們普遍相信，要維持天下的秩序，權力、法律、權術這三樣都得有。「儒、法、道」這三家的區別，僅僅在於具體的分寸和技巧。比如各家都主張「應該用規範約束百姓」，法家主張的是「百姓犯錯就得上酷刑」，儒家主張的是「你得先說教，實在不行再揍他」。

在這樣的背景下，統治者們最後聽信哪一學派的主張，其實區別並不大。

剛才說了，漢朝剛剛統一的時候，統治者們對於「用甚麼政策才能維持一個統一的大帝國」還處於蒙的狀態，於是暫時採用了「儘量不干涉」的政策。其實，這個政策也要講「勢」「法」「術」這些當時思想界的共識，只是在制定具體內容的時候稍微寬鬆一點兒而已。

制定了這樣的政策後，漢初的統治者們發現，在當

時的思想學派、哲學流派裏,「黃老道家」和他們主張的最接近,於是「黃老道家」就成了漢初帝王們公開支持的一派。

可是,選擇「黃老道家」終究是權宜之計,漢初帝王們的主要心思還是放在了打仗上。

這是因為劉邦在統一天下以後,給自己的帝國設計了一個混合政體。一半是帝王直接統治的郡縣,一半分封給了自己的親戚,想讓親戚們像西周那樣拱衛皇室。

但是,漢朝不是周朝。在經歷了戰國時期的殘酷鬥爭之後,人們不再相信分封制可以維繫一國的穩定。帝王和諸侯們都已經見識過春秋戰國時期發生了甚麼,大家都知道分封的最終結果是刀兵相見,所以不如先下手為強。說白了,當時的天下是個「我知道你想要弄我,我也知道你知道我想要弄你」的局面。所以,從一開始,雙方就陷入了深深的不信任中。因此,劉邦留下的制度不可能像西周那樣長久,他死後的幾個漢朝帝王全都陷入了同諸侯的鬥爭中。

又經過了幾代人的陰謀和戰爭,直到漢武帝的時候,諸侯們才被徹底平定。天下都變成了漢武帝一個人控

制的郡縣，這是自秦始皇以來的第二次「大一統」。

現在，漢武帝想不直接統治天下都不行了。歷史逼着他，必須交出一份答卷來。

那拖着不交這份歷史答卷行不行？

換句話說，漢武帝能不能繼續沿用「黃老道家」的舊政策，繼續把日子「混」下去呢？

不行。因為在秦朝滅亡之後，留下了一個大問題。這個問題是：朝廷應該怎麼管理百姓？

在西周，國家被分成了很多小塊兒，每一小塊兒都是一個家族的私產，國家不去干涉。因為每一個家族管理的土地不是很大，所以管理百姓沒甚麼難度。

等到了秦國變法的時候，為了能直接控制百姓，官府命令每個家庭都從原來的貴族手中分離出來。人口多的家庭，還要拆分成小家庭。家裏有兩個成年男子的必須分家，否則就會被加倍徵收賦稅。[6] 法家的理想就是把每一個家庭都變成獨立的個體，讓他們得不到家族的保護，只能依靠官府。

---

⑥　參見：《史記・商君列傳》

等到秦朝滅亡後，漢初的帝王們不再敢像秦朝那樣親自控制每一戶百姓，而是採用了「儘量不干涉」的政策。漢朝官府把地方的管理職責，委任給當地最有威望、有勢力的長者，這雖然避免了秦朝的弊政，卻也讓官府無法對每個家庭進行精密的管理。官府和百姓之間多了一個「有勢力的長者」，這些「長者」漸漸地就像一層黑霧，擋在了官府和百姓中間。用今天的話說，就是政府不知道基層真實的情況，只能任由這些「長者」隨意匯報。於是，這些「長者」成為當地百姓真正的主人，他們甚至可以讓很多百姓只給自己打工，不上官方的戶口。這樣，這些百姓就不用給國家交稅，所有的勞動產出都變成了「長者」的私產。最後，這些「有勢力的長者」和朝廷中有勢力的官員勾結在一起，擁有大批的良田和附庸的百姓，這些人有了個專門的名字，叫作「豪強」。

　　等到漢武帝的時候，豪強的勢力越來越大，他們不僅吞沒了大量財產，甚至還可以干涉司法，窩藏逃犯。[7]長此以往，國家的權力就會轉移到這些豪強的手上，最

---

⑦　參見：《漢書·董仲舒傳》《史記·酷吏列傳》

終讓國家又一次分崩離析。

那麼，朝廷怎麼才能把手伸過豪強的黑霧，去直接控制一個個小家庭呢？

秦朝曾經派遣了大量的官吏試圖穿過黑霧，結果發現這套系統的成本太高，超過了當時生產力的極限。

那麼，有沒有省錢又效果好的辦法呢？有，而且前面的人已經用過一次了。

我們還記得，在商周交替的時候，周人在沒法提高生產力的情況下，是靠甚麼突破了商朝的統治極限嗎？沒錯，免費又好用的，是人類的基因本能。周朝是依靠人的親情關係建立了宗法制度。

同樣，在漢朝初年，朝廷既想把手伸過豪強的黑霧，又不想多耗費成本，唯一能依靠的還是人的本能。

甚麼本能呢？

還是周代用過的老辦法：人對自己的親人天生有親近感。

有了這個本能，再加上關鍵的一步 —— 只要讓百姓把君王看成是自己的親人，那不就可以輕鬆維持統治了嗎？

那麼，怎麼能讓百姓相信這一點呢？朝廷怎麼能走到每一個小家庭裏面，告訴他們，帝王就是你們的長輩呢？

這裏面還是有成本問題。「向每個百姓宣傳」這件事，在今天很容易，在古代卻難上加難。因為古代沒法普及教育，要讓每個百姓都接受一套新觀念，這恐怕比秦朝設置官吏的成本還要高。

那有沒有其他省錢的辦法呢？

要想省錢，還是得利用人的本能。

「陰陽五行」裏隱藏了甚麼祕密？

我們前面說過「概念」。那是在我們談論《老子》主張的「道」的時候，如果說萬事萬物就好像是一片混沌的大地，「概念」呢，就好比是在這片混沌的大地上畫了一個個圓圈。比如我們可以畫一個圓圈，然後指着它說：「這個圓圈裏的東西都是蘋果。」從此以後，只要一提到「蘋果」，大家都知道指的是甚麼了。

原始人認識世界，也是從畫圓圈開始。

陰陽相抱，
萬事靜好，
陰陽顛倒，
全亂糟糟！

　　比如我們可以想像一下，第一個學會說話的原始
人，可能是把他認為有危險的東西畫了一個圈，並將這
個圈命名為高聲尖叫的：「啊！」於是，大家一聽到有人
高喊「啊！」就知道附近有危險，需要小心警惕。

　　再比如，原始人還有可能會把所有他們認為好吃的
東西畫了一個圈，並將這個圈命名為喜笑顏開的「嘿嘿
嘿」。這樣，如果一個人發現果樹了，只要衝夥伴「嘿嘿
嘿」，夥伴就知道可以跟着這個人去採果子了。

不過，以上的圓圈都只是在萬事萬物裏圈出了一小部分，還有大片的地方沒有被圈進去。就比如果樹上落下的一片葉子，它既不是危險的也不是好吃的，所以原始人最開始可能並不關心它，也就沒給它命名。像「落葉」這樣的東西，就被畫在圓圈之外了。

即便是有好多東西沒被畫在圈內，這也並不是甚麼問題，因為並不影響生活。換句話說，沒被畫進圈內，就意味着這個東西不重要嘛。但是，等到人類開始用哲學的眼光思考世界的時候，情況就不一樣了。

哲學家們想要知道宇宙的真理，他們不甘心萬事萬物當中還有很多未知的區域，他們想要解釋世上所有的事物。也就是説，古代的哲學家們希望能用一個辦法，把世上所有的東西全都給分清楚了。

那你想像一下：如果在你的面前，有一個無限大，似乎是無邊無際的平面，你想用一些線把整個平面全部分開，最簡單的辦法是甚麼？就是在面前畫一條直線，把這個平面左右對半分開。

換句話說，當人類剛剛開始思考世界的時候，如果

他們需要用一個方法把世間萬物分類，那麼最簡單的方法，就是把萬物分成兩類。

實際上，我們在現實生活裏也是這樣做的。比如，我們知道人性極為複雜，要是給人性分類的話，可以分出千百種。可是，對於一個剛剛接觸世界的小朋友，怎樣最簡單地了解人性的分類呢？就兩種，「好人」和「壞人」，這是最省事的辦法。

那麼，對於剛剛認識世界的原始人來說，世間萬物可以分成哪兩類呢？

在原始人的生活裏，他們遇到的不可思議、對生活影響非常大的事情是白天和黑夜。白天意味着光明、溫暖、安全、興奮；黑夜則意味着黑暗、寒冷、危險、疲憊。於是，原始人很容易把世界分成「光明」和「黑暗」這兩大類。所有好的、積極的東西，都屬於「光明」；所有不好的、消極的東西，都屬於「黑暗」。這是人類理解世界最簡單的方法，所以世界上大部分文明都幹過這樣的事。[6]

我們中國古人也一樣。中國古人最早把被陽光直接照射到的地方叫作「陽」，把陽光照射不到的地方叫作

「陰」。[7] 就像我們今天還會把住宅裏向陽的一面叫「陽面」，背光的一面叫「陰面」。後來，中國人把「陽」和「陰」的概念擴展開來，把世上所有的事物都分成了「陽」和「陰」兩類。基本上，偏向光明、溫暖、令人興奮的東西，都屬於「陽」；反之，屬於「陰」。

要注意了，這裏說的是要給「所有」的事物分類。也就是說，不僅要給萬物分類，還要給人的思想和感情等分類。這也不難，因為「陽」代表着光明、溫暖，而人興奮的時候，血液循環加快，體溫升高，所以所有偏向興奮的心理活動，就可以大致歸為「陽」；反之，消沉、內斂的心理活動，就可以大致歸為「陰」。我們今天形容一個人外向，也會說他「陽光」；說一個人情緒低落，有時會說他「陰鬱」。西方人也有類似的說法，比如在英文裏，sunshine 既有「陽光」的意思，又有「開朗」的意思；gloomy 既有「陰暗」的意思，又有「沮喪」的意思。

「陰陽」不僅可以給人的感情分類，還可以給人的行為分類。也就是說，「陰陽」可以攜帶道德屬性。「陽」代表光明，所以公開的行為都屬於「陽」，比如人們喜歡坦誠相待，因此「陽」偏向於正義；反之，隱祕的行為屬於

「陰」，比如私下裏的計策就叫作「陰謀」。人們不喜歡互相隱瞞，所以「陰」偏向於非正義。我們今天還會說有的人做事「光明正大」，有的人則是「陰險卑鄙」。

這就是中國古代的「陰陽」說。

古人用「陰陽」可以解釋萬事萬物，但是它有個缺點——不夠複雜。

在人類學會農耕以後，古人的物質生活越來越豐富。他們發現這個世界上有很多性質完全不同的事物。比如古人發現，土壤加上水會變成泥巴，泥巴遇熱會變成泥漿，泥漿可以做成陶器。可這個過程太複雜了，光用「陰」和「陽」來解釋太費勁。要想省事，就需要引入更多的概念。

說白了，從前人類在萬事萬物上畫了一條線，將所有事物分成了「陰」和「陽」，可現在不夠用了，需要多畫幾條線才行。

那該怎麼畫呢？

如果讓今天的科學家們來畫，性價比最高的方法是按照化學元素來區分。這套方法特別好用，我們今天的現

代工業就建立在它的基礎之上。

但是古人沒有這些知識，他們想要在萬事萬物上再多畫上幾條線來分析這個世界，最簡單的方法會是甚麼呢？

那就按照這些事物給古人帶來的直觀感受把它們分成幾大類。說白了，古人可以觀察他們身邊可以接觸到的東西，只要這些東西看起來、摸起來、用起來的感覺差不多，就可以把它們歸為一類。

舉個例子。同樣是顏色昏暗的土壤，古人也不管其中的成分有甚麼不一樣，通通都歸為「土」；都是透明的液體，那就通通歸為「水」。這樣，古人就把他們身邊經常接觸到的東西歸納為「金木水火土」五種最基本的元素。[8] 然後，他們又通過生活經驗，發現這些元素之間存在的各種互動關係。比如，木頭能點燃火，古人就總結出「木生火」。[9] 這五個基本元素和它們之間的互動關係，就是中國古代的「五行」說。

這種思路也不稀奇，古希臘和古印度都有過類似的說法。不過，中國古人把「五行」從日常生活擴展到了人們的社會行為裏。比如中國古人曾經把每一個朝代都對應

上五行中的一個元素，然後按照「五行相剋」的原理解釋為甚麼會有朝代的更替。漢朝之後的人就認為，漢朝對應了「五行」中的某個元素，這個元素正好能「剋制」秦朝對應的元素，所以漢朝就必然能取代秦朝。

總之，中國古人用「陰陽」和「五行」給萬事萬物進行了分類。「陰陽」和「五行」加在一起，就是中國古代的「陰陽五行」說。

說到這裏，「陰陽五行」還是一種事後解釋。

甚麼叫「事後解釋」呢？舉個例子。

假設有一天，你出門在外吃虧了。你回來跟朋友訴苦，朋友卻數落你說：「外面壞人這麼多，誰叫你不小心！」朋友的這種解釋，就屬於「事後解釋」，俗話叫「馬後炮」。我們也不能說朋友說得不對，但是它沒甚麼用。

比「事後解釋」更有用的應該是「事前預測」。比如剛才朋友埋怨你「誰叫你不小心」，你就可以反問他：「你怎麼不早說呢？我吃虧之前你怎麼不提醒我呢？」如果在吃虧之前，朋友就能預測到你可能會吃虧，並且能提前說出來，這就是「事前預測」，這種理論才是有用的。

而且「事前預測」應該越精確越好。比如你下次出門的時候，朋友提前囑咐說：「這次要小心啊，別再吃虧了啊！」這算是預測，但是預測的範圍太模糊了，還是很難把握。如果這時候有人對你說：「根據我的經驗，凡是特徵是甚麼甚麼樣的人，都是壞人，你要離他遠點兒。」這就是比較精確的預測，對於我們來說，這種理論才真正有用。

　　用這個標準去看「陰陽五行」說，它基本上就屬於「事後解釋」。

　　中國古人用「五行」來解釋王朝的更替，是等到漢朝打敗了秦朝，坐穩了江山之後，才有一羣讀書人寫文章，說漢朝屬於甚麼甚麼元素，秦朝屬於甚麼甚麼元素，所以漢朝取代秦朝是必然的。

　　可是在漢朝坐穩了江山之前呢？其實也有思想家用陰陽五行來解釋王朝更替，但是大家說甚麼的都有。有說秦朝不會滅亡的，也有說這個諸侯能贏、那個諸侯必敗。反正這些思想家在誰的麾下就說誰的好話，顯然，在眾說紛紜的情況下，「陰陽五行」是沒有辦法進行「事前預測」的。

中國古人對於日常生活也是這樣。中國古代的讀書人熱衷於用「陰陽五行」解釋世間的一切，連農業生產也被安放到五行裏。比如他們認為，春天對應了五行中的甚麼元素，春天莊稼發芽，就符合了五行中的甚麼理論。

可是老百姓真正種地的時候，跟五行並沒有關係。古代的老百姓並不是站在田邊，按照「陰陽五行」的原理掐指一算，算出該甚麼時候耕田，然後再吐口唾沫掄起鋤頭耕地的。老百姓是根據日積月累的經驗，總結出類似於「杏樹開花的時候，耕一遍土，杏花落的時候耕第二遍」[8] 這種可以方便執行的農業口訣進行農耕，然後將這些實用的口訣代代相傳。所以，真正起到預測作用的是這些農業口訣，而不是「陰陽五行」的理論。

總而言之，在中國古人的生活裏，「陰陽五行」基本是一種事後解釋。在這個階段，它對於人們生活的影響還非常有限。

但是接下來，「陰陽五行」就要改變中國人的世界了。

---

[8] 參見：《氾勝之書·耕田》

「拯救世界」的答案是甚麼？

到了漢武帝的時代，出現了一個大思想家，也可以稱他為哲學家，叫作董仲舒。董仲舒把「陰陽五行」的理論仔細地整理了一遍，將其中的邏輯理順了，並豐富了其內容，最後，弄出了一套比較完備的、用來解釋世間萬物的哲學主張。

當時的人們讀到董仲舒的主張，有點兒像我們今天在學校裏學習物理、化學和政治。學完之後，人們看到世間的任何一個現象，都可以說出來這件事背後的原理是甚麼。在董仲舒的時代，他的這套哲學主張成為解釋世間萬物最完備的知識體系。

但董仲舒的目標可不只是解釋世界這麼簡單。

就像春秋戰國時代的思想家、哲學家們主要想解決的是政治問題一樣，董仲舒講「陰陽五行」，其實也是為了解決政治問題。

董仲舒把所有的社會關係都納入到了他的「陰陽五行」主張中。比如他認為：

在君臣關係裏，君王是「陽」，大臣是「陰」；

在父子關係裏，父親是「陽」，兒子是「陰」；

在夫妻關係裏，丈夫是「陽」，妻子是「陰」。[⑨]

這麼分類，本身沒甚麼問題。在春秋戰國的大部分哲學著作裏都有這樣的分類，不過那時「陰陽」代表的是一件事情的兩面，這兩面沒有高低貴賤之分，[⑩]「陰」和「陽」是平等的。但是，董仲舒給「陰陽五行」說做了一個非常重要的改動：他認為，「陰」和「陽」不是平等的，「陽」比「陰」更尊貴。

按照董仲舒的理論，這種不平等是「天」的客觀規律，通俗地說，就是老天爺本來就這樣。這就麻煩了，這等於說，董仲舒用他的哲學主張「證明」了：君王天生就比大臣高貴；父親比兒子高貴；丈夫比妻子高貴。

這種想法在今天看來，當然是既不正確又不公平的。

但是呢，董仲舒說到這一步的時候，我們還可以理解他。我們在分析孔子的哲學思想時說過，生活在他那時的貴族受到環境的影響，會想當然地認為「貴族高人一

---

⑨　參見：《春秋繁露》

⑩　參見：《春秋繁露・陽尊陰卑》《春秋繁露・天辨在人》

等」，這樣的想法在當時十分合理。

董仲舒也是一樣。在他生活的時代，的確是君王比大臣的地位高，父輩比子輩的地位高，男性比女性的地位高，這是當時社會的既定事實。董仲舒只是在用自己的哲學理論把社會上的事實佐證了一遍。固然我們不喜歡他這麼說，但是還可以理解他會這麼想。

但是接下來，董仲舒犯了一個更大的錯誤。

董仲舒混淆了「實然」和「應然」這組概念。

甚麼叫「實然」呢？簡單地說，就是一個事物實際情況是甚麼樣子。比如我們看到桌子上擺着一支筆，就說：「桌子上有一支筆。」這句話描述的就是「實然」。

　　甚麼叫「應然」呢？簡單地說，就是一個事物應該是甚麼樣子。比如桌子上擺着一支筆，老師說了：「筆不能放在桌子上，應該放到文具盒裏。」老師這句話，描述的就是「應然」。

　　很顯然，一件「實然」的事，並不能證明它就是「應然」。

　　比如，我們知道人的基因中有自私的本能，這是「實然」。但這並不能推理出人就應該自私，自私是對的，不自私的話這人就是偽君子。事實恰恰相反，正因為我們知道人的本能裏存在自私，才會認為無私比自私更偉大。

　　再比如，按照演化論的觀點，人類是經過殘酷的自然選擇才變成今天這個樣子。也就是說，人類之所以很聰明、很靈巧，是因為在漫長的演化過程中，那些不夠聰明、不夠靈巧的人都被淘汰掉了。這是「實然」。那麼，這能不能推理出，我們就「應該」淘汰掉弱者呢？比如在今天，我們就「應該」欺負老弱病殘，不給他們足夠的吃

穿，讓他們被「自然選擇」掉呢？顯然不是。恰恰相反，今天我們會主動分出一部分社會資源，不求報償地幫助那些「弱者」，這是人類社會更文明、更美好的表現，是人類不同於動物的證明。

可是，董仲舒就犯了把「實然」和「應然」混同的毛病。

董仲舒用「陰陽五行」說論證了君王比大臣更高貴。就算他的證明成立，那他描述的也是「實然」。但是，董仲舒從「實然」直接過渡到了「應然」，認為既然「君王比大臣高貴」，那麼就應該「保持君王比大臣更高貴的社會秩序」。這中間的過渡其實毫無邏輯可言，但是董仲舒就是這麼生硬地推理過來了。[10]

這一強行過渡不要緊，董仲舒一下子就把統治大帝國的難題給解決了。還記得前面說過的難題嗎？

在戰國時期，法家把大家族變成了一個個零散的小家庭，於是，到了漢朝，帝王的苦惱就變成了：能不能有甚麼省錢的辦法來控制這些小家庭。

董仲舒給出的方案是：用他的「陰陽五行」說，把百

姓對於朝廷的忠誠和家庭中的倫理關係變成同一件事。

具體過程是這樣的：

首先，中國古代的農民都是以家族為單位進行集體生產的。在小集體裏，「一個人說了算」的制度，效率是最高的。所以，中國古代的家庭講的都是「晚輩要無條件聽從長輩」的家長制。

另外，古代的生產活動主要耗費的是人的體力。男性天生比女性的體力強，因此在經濟生產中的地位就更高。再加上古代女性由於生育導致的死亡率很高，這就進一步降低了女性的地位。因此在古代很多文明裏，男性的地位要比女性更高，古代中國也不例外。

此外，周朝以來的宗法制度不斷強化了長輩比晚輩地位更高，男性比女性地位更高的觀念，因此在董仲舒的時代，大部分家庭地位最尊貴的人都是男性長輩。

這時候，如果有一個人告訴這位長輩，長輩比晚輩地位高、男性比女性地位高，這是天經地義的事，這就是大自然的陰陽關係，這位長輩當然很容易就接受了這個觀點。

好，接下來是最重要的一步：董仲舒還告訴他們，

長輩和晚輩的陰陽關係、男性和女性的陰陽關係，與君王和臣民的陰陽關係是一樣的。

這關鍵的一步，用術語說叫作「家國同構」。也就是家庭和國家的結構模式相同，它們的本質是一樣的。國，就是放大了的家，君王就好比是家庭裏的父親，臣民就好比是他的子女。

有了「家國同構」這個觀念，古代的家長們自然就會覺得，效忠於帝王是一件天經地義的事。因為如果不效忠於帝王，陰陽關係就會亂；陰陽關係一亂，家庭關係也亂了，我的兒子不聽我的話，我的妻子也不讓我做主，那這生活不就全亂了嗎？

於是，這位長輩就會自然而然地維護君王的統治，甚至比君王還更迫切。誰敢不忠於君王就會激起他的憤恨，馬上拍案而起：「你無父無君，還是個人嗎！」

不難發現，上述這套理論的邏輯是非常混亂的。從「兒子必須孝順父親」到「臣民必須忠於君王」，這其中沒有必然邏輯。但是這套理論有個無與倫比的優點 —— 非常容易被百姓接受。

前面說過，把萬事萬物分成「陰」和「陽」，這是中國

古人理解世界最容易的方法。對於一個沒有接受過任何教育的古代人來說，讓他理解「萬事萬物都可以分成陰陽兩面」，也不是一件難事。

今天，人人都知道甚麼是「國家」，甚麼是「法律」，那是因為我們每個人都必須接受義務教育。古代人可沒有，對於大部分的百姓而言，「國家」是個非常陌生的抽象概念。帝王怎麼管理國家，他過着甚麼樣的生活，甚至當今的帝王是哪位，百姓可能都不知道。

那麼，用甚麼辦法能讓這些古代的百姓最方便地理解「國家」「朝廷」這些陌生的概念呢？

最簡單的方法就是拿百姓熟悉的家庭來比附。只需要告訴他們「國」就是放大了的「家」，你自己家是甚麼樣，你就想像「國」是甚麼樣。這麼一說，「家國同構」這個看似難理解的概念，百姓一聯想就明白了。

總而言之，「家國同構」是讓古代百姓效忠朝廷成本最低的方法。它解決了「朝廷如何越過豪強直接控制家庭」這個當時最大的苦惱。於是，這套「家國同構」的觀念，從此就成了古代中國的立國之本，歷代帝王都離不開這套觀念。

董仲舒本人的哲學水平並不是一流的，但是因為他給後代帝王找到了統治帝國的正確答案，因此在哲學史上留下了重要的位置，甚至可以和孔子、朱熹擠在一起，被儒家學者奉為「宗師」。

「家國同構」的觀念給中國文化帶來了深遠的影響。所以，古人才會把地方官稱為「父母官」。古代的官府，也是在用慈父的標準要求官員，要他們「愛民如子」。

從漢代開始，中國古代的帝王更加提倡孝道。

其實早期的儒家學者如孔子和孟子，最提倡的不是「孝」，而是「禮」和「仁」。當時他們認為最重要的幾個道德標準是「仁、義、禮、智、信」，這裏面並沒有「孝」。「孝」只是「禮」下面的一項具體要求。

但是從漢代開始，「孝」被抬到了至高無上的地位。古代的帝王死後會由後來人給這個帝王取一個「諡號」，作為這個帝王一輩子功過得失的概括。前面說過的「漢武帝」，這個「武帝」就是他的諡號。但其實，「武帝」的真正諡號是「孝武帝」，之所以後來省略了「孝」字，是因為漢代的每一個帝王的諡號中都有「孝」字。換句話說，「孝道」是漢朝的治國之本，用古人的話說，叫作「以孝治天

下」。

　　從此，「孝」就成了傳統文化中最重要的道德要求。

　　在我們今天的文化印象裏，「孝」要比「仁、義、禮、智、信」通通都高一級。如果一個人不夠「仁」，沒準兒還有人誇他：「心狠手辣是個幹大事的！」這人不夠「義」，沒準兒還有人衝他豎起大拇指：「這孩子長大了不吃虧！」

　　可是，如果有人不「孝」呢？如果這個人打了自己爸爸一巴掌呢？無論是甚麼人，看到這情景都會跳起來破口大罵：「你個畜生！你不是人！」

　　因為儒家一向認為，人和人之間的倫理道德是治國之本，因此用孝道來統治國家的方法，也被認為是儒家的主張。

　　但儒家不是君王唯一的選擇。歷史經驗已經告訴了君王，像法家那樣通過耍權謀、用酷刑來獲取權力的辦法，對自己並不吃虧。那麼，為甚麼不幾種方法一起用呢？

　　於是古代帝王們最後的選擇，是儒家和法家並用。

　　在孔子的主張裏，如果有人不好好遵守「禮」，解決

方案是發展教育，我們得好好說服他。但是從漢代開始，帝王們並不吝於使用酷刑。如果有人不遵守「禮」，說教不成可以揍一頓，再不行還可以活活打死。用漢代帝王的話說，這叫作「霸王道雜之」。「霸道」代表的是法家，「王道」代表着儒家，「霸王道雜之」就是法家和儒家都得用。

再往後的帝王們發現，其實法家的這套東西用不着擺在明面上說。法家本來就主張陰謀，藏起來用效果更好。於是帝王們又發展出了「外儒內法」的思路：在公開的場合，只強調儒，強調道德，強調孝道；但是在私底下，可以大肆使用法家的權術和酷刑。

所以，我們在古代常常可以看到這樣的景象：在古代的朝堂上，百官個個以道德模範自居，張口閉口都是心繫黎民蒼生，但是很多人私下裏對同僚使盡陰謀詭計，對百姓肆意盤剝。這是古代為官之道的「外儒內法」。

在古代的「基層」，一面是官府立起無數的貞節牌坊，年年表彰孝子賢孫；一面是驅使酷吏剝削百姓，是「縣官急索租」，是「有吏夜捉人」，是無數在禮教下哭號的「白毛女」和「祥林嫂」。所以，魯迅先生在《狂人日記》

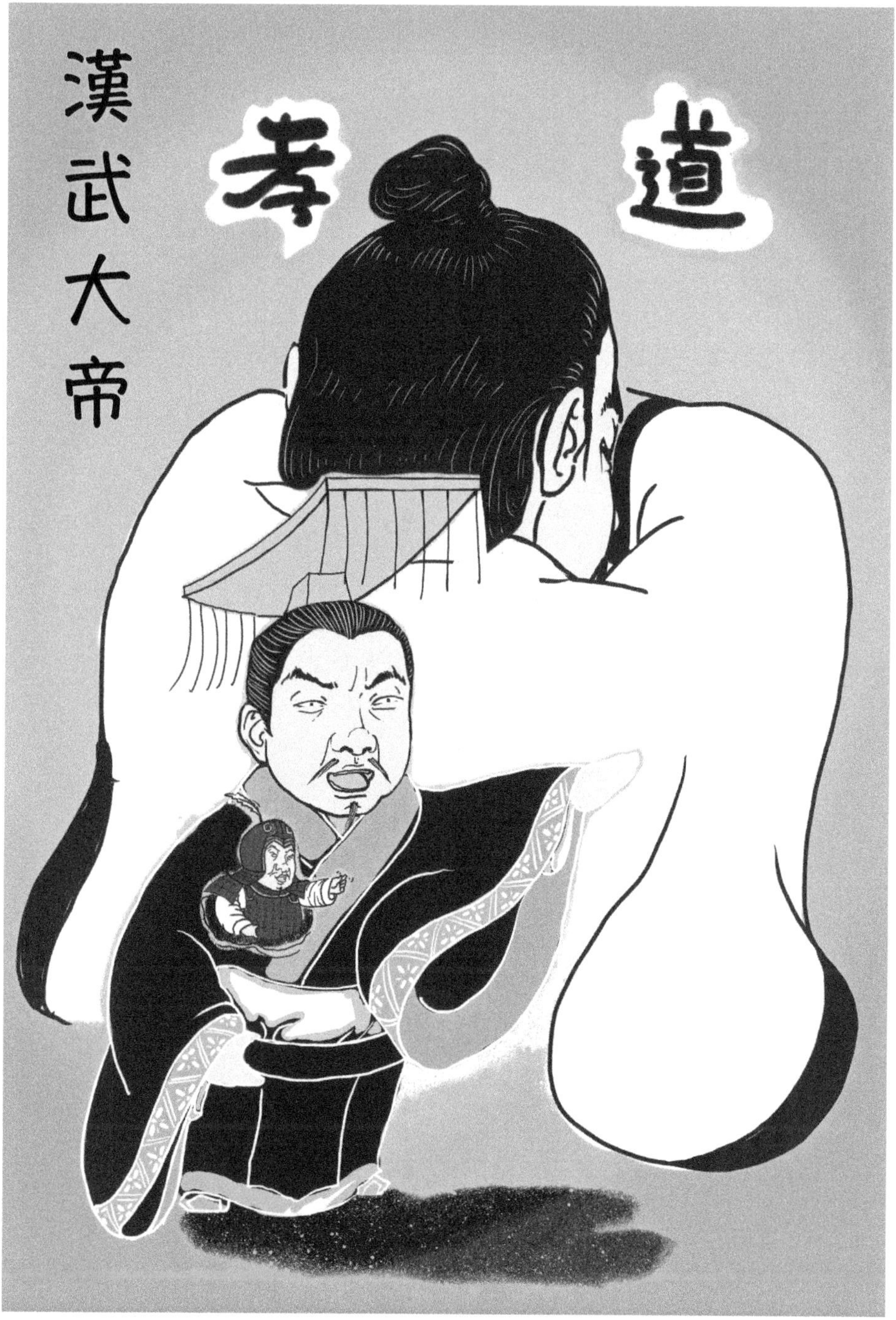

漢武大帝
孝
道

裏，從滿紙的仁義道德中看見了兩個字「吃人」。這是古代馭民之道的「外儒內法」。

在今天，我們也經常講「面子」。人們客套謙讓，別人送個禮物還要「別別別，這怎麼好意思呢？」可私底下，有些人爭權奪利時又毫不手軟，甚至振振有詞：「無毒不丈夫」「吃虧是傻子」。這樣的後果，就是導致長輩對晚輩的教育總要分成自相矛盾的兩半——先是教育晚輩：「兩個水果，你怎麼能吃大的呢？你得把大的讓給別人！」可沒過幾天，又教育晚輩：「你這孩子怎麼能傻實在呢？記住了，老實人吃虧！」這是百姓處世之道的「外儒內法」。

崇尚孝道和外儒內法，既是這段歷史的答案，也成了傳統文化裏最重要的一部分。

西周末年社會所依賴的秩序崩潰了，直到漢武帝的時候，終於告一段落。這段歷史，彷彿是一場漫長的考試。這場考試的考題是：「社會秩序崩潰了怎麼辦？」主考官是「歷史」本人，哲學家們則都是考生。

孔子最先交出了答卷。歷史看了看，搖了搖頭，認為孔子的答案不對。但是對於其中「人倫禮教」的論述很

感興趣，提起筆記在了自己的小本本上；

墨子交出了答卷。歷史也搖了搖頭，但是覺得其中「恩仇必報」的俠義精神可圈可點，也記在了自己的小本本上；

孟子交出了答卷。歷史同樣搖了搖頭，但是把「民為貴，君為輕」記在了本子上；

老子交出了答卷。歷史還是搖了搖頭，但是把「道可道，非常道」記了下來；

韓非子交出了答卷。歷史提起筆猶豫了半天，最後還是打了個叉，但是記下了「權術」兩個字；

最後交卷的是董仲舒。他斜着身子，偷偷瞄到了其他所有人的試卷，再加上自己的聰明，鼓搗出了正確答案。歷史終於露出了滿意的笑容，宣佈「考試結束」，然後把董仲舒的考卷和小本本上所有的筆記合在一起，摞成了一摞。

這一摞紙，就是這段歷史留給我們的哲學遺產。

- 每一代思想家都會總結前人的觀點和歷史經驗，因此同時代不同學派之間的分歧不是很大。漢初的「黃老道家」在「儒、法、道」三家經驗的基礎上，傾向於寬鬆的管理政策。

- 漢初的統治者採取「黃老道家」的學說，政策較為寬鬆，維持了當時的國家穩定。

- 但是，漢初寬鬆的政策會讓地方豪強的勢力越來越大，不可持久。最終，漢朝的統治者通過董仲舒倡導的「家國同構」的方式，把「維持家族秩序」同「效忠帝王」聯繫在一起，通過「推崇孝道」加強了對百姓的控制。

- 漢代除了公開推崇儒家的孝道外，有的帝王和一些官員還私下裏使用法家的酷刑和權術，也就是「外儒內法」。

結尾的話

中國古代哲學家們從春秋開始想要「拯救世界」的迷茫，到了西漢終於告一段落。

在這段歷史裏，中國面臨的最大考驗是「如何在有限的生產力下，統治一個龐大的農業帝國」。這段時期的思想家、哲學家們基本上都是圍繞着這個問題提出各自的主張。到了西漢，得出最後的答案，是「家國同構」「推崇孝道」和「外儒內法」。

這個答案，不是某個天才的哲學家直接想出來的，而是古代的中國人通過幾百年的戰亂，用無數百姓和君王的鮮血總結出來的。可以説，它是古代中國能維持統一的唯一答案，因此西漢之後的古人沒有別的選擇。

哪怕是貴為一國之君，不管這個君王私底下是不是喜歡佛道，品性是好是劣，但在表面上，他一定要推崇孝道，以儒家模範自居。

哪怕是古代聰明的哲學家，他們想要發現超越世間萬物的道理，但是不少人仍然把儒家倫理當成不可置疑的真理，相信「綱常千萬年，磨滅不得」。

更不用説那些生活在古代的普通老百姓，他們無法想像沒有儒家秩序的世界到底會是甚麼樣子。

所有中國古人都跳不出歷史的束縛。但是，你可以。

在今天的世界裏，企業讓人們可以脫離家族獨立謀生，法律保護着每個人的安全和自由，圖書館和互聯網可以讓人們看到和聽到不同的「聲音」。你我生活的時代，是整個人類歷史裏最有條件獨立思考的時代。你可以用更冷靜的眼光，從更多元的角度，審視祖輩留下的傳統，把其中那些好的部分當作祖先的饋贈，把那些不夠好甚至是壞的部分看成必須越過的障礙。

我們不需要跪着膜拜，我們可以站着，將傳統變得更美好。

回頭看來，縱然西漢的哲學家們找到了維持大統一的方案，然而這個方案要以擠壓個人的種種權利為代價。無論喜歡還是不喜歡，古人必須生活在這樣的環境裏，忍受着不得自由的苦惱。

他們未來的出路在哪裏呢？

為了追求精神的自由和個人的幸福，古代的哲學家們在世俗生活之外，開闢了另一個廣闊的世界，他們希望能從這裏發現超越塵世的奧祕。

我將和你一起探索這個隱祕的世界。

註釋

第 1 章　中國哲學的起點：周朝的祕訣

[1]　田繼周：《先秦民族史》：「從商朝都城的分佈看，北至
　　　河北石家莊，南至河南鄭州、偃師，東至泰山，西及
　　　太行山，大概都是商朝的直接轄區，也就是它的『王
　　　畿』。」第 216、217 頁，成都：四川民族出版社 1996
　　　年版。

[2]　參見周振鶴：《中國地方行政制度史》，第 12、13 頁，
　　　上海：上海人民出版社，2005 年版。

[3]　楊寬：《西周史》：「按照宗法制度，周王自稱天子，王
　　　位由嫡長子繼承，稱為天下的大宗，是同姓貴族的最高
　　　族長，又是天下政治上的共主，掌有統治天下的權力。
　　　天子的眾子或者分封為諸侯，君位也由嫡長子繼承，對
　　　天子為小宗，在本國為大宗，是國內同宗貴族的大族
　　　長，又是本國政治上的共主，掌有統治封國的權力。」
　　　第 426 頁，上海：上海人民出版社，2003 年版。

[4]　李澤厚：《中國古代思想史論》：「『周禮』是甚麼？一般

公認，它是在周初確定的一整套的典章、制度、規矩、儀節。」第 8 頁，北京：人民出版社，1985 年版。

[5] 周振鶴：《中國地方行政制度史》：「不但天子授土以後，此土即與天子無涉，就是諸侯將采邑分封給卿大夫後，此采邑也與諸侯無關了，所以《晉語》説：『公食貢，大夫食邑。』食采的大夫在其采邑中也享有君王之尊，采邑內的臣民對其稱君，或稱主。」第 13 頁，上海：上海人民出版社，2005 年版。

第 2 章　孔子：比一般人更接近「歷史真相」的「聖人」

[1] 蕭公權：《中國政治思想史》：「孔子政治思想之出發點為從周，其實行之具體主張則為『正名』。以今語釋之，正名者按盛周封建天下之制度，而調整君臣上下之權利與義務之謂。……正名必藉具體制度為標準。孔子所據之標準，即盛周之制度。」第 55 頁，瀋陽：遼寧教育出版社，1998 年版。

[2] 李澤厚：《中國古代思想史論》：「這就把『禮』以及『儀』從外在的規範約束解説成人心的內在要求，把原來的僵硬的強制規定，提升為生活的自覺理念，把一種宗教性神祕性的東西變而為人情日用之常，從而使倫理規範與心理慾求融為一體。『禮』由於取得這種心理學的

內在依據而人性化，因為上述心理原則正是具體化了的人性意識。由『神』的準繩命令變而為人的內在慾求和自覺意識，由服從於神變而為服從於人、服從於自己，這一轉變在中國古代思想史上具有劃時代的意義。」第20、21頁，北京：人民出版社，1985年版。

[3] 童書業：《先秦七子思想研究》：「『仁』的最基本定義是『愛人』」「最廣義的『仁』，就是人道。」第14、17頁，濟南：齊魯書社，1982年版。

[4] 余英時：《論天人之際：中國古代思想起源試探》：「孔子從開始便把『仁』當作『禮之本』而提出的，最後則發展出一套『仁』內而『禮』外的儒學系統。所以嚴格地說，『仁』與『禮』在概念上雖可以分開討論，但在實踐中卻無往而不渾然一體。」第92頁，北京：中華書局，2014年版。

[5] 童書業：《先秦七子思想研究》：「『禮』不是固定的，可以斟酌情形，適當改變；但『禮』還是有一定標準的，不合標準，就不能改變。」第21頁，濟南：齊魯書社，1982年版。

[6] 蕭公權：《中國政治思想史》：「孔子之理想君子，德成位高，非宗子之徒資貴蔭，更非權臣之僅憑實力。」第66頁，瀋陽：遼寧教育出版社，1998年版；童書業：

《先秦七子思想研究》：「『君子』本是階級的名詞，就是貴族；但孔子所謂『君子』，許多已是人格的名詞，就是好人。」第 25 頁，濟南：齊魯書社，1982 年版。

[7] 徐復觀：《中國人性論史・先秦篇》：「孔子打破了社會上政治上的階級限制，把傳統的階級上的君子小人之分，轉化為品德上的君子小人之分，因而使君子小人，可由每一個人自己的努力加以決定，使君子成為每一個努力向上者的標誌，而不復是階級上的壓制者。使社會政治上的階級，不再成為決定人生價值的因素，這便在精神上給階級制度以很大的打擊。」第 59 頁，北京：九州出版社，2014 年版。

[8] 陳來：《古代宗教與倫理：儒家思想的根源》：「因此，殷商和西周世界觀的重要區別，不在於商人是否以『天』為至上神，因為如果『天』只是有人格的『皇天震怒』的天，那麼在信仰實質上，與『帝』的觀念並無區別。事實上，在許多文獻中二者是等同的，或可以互換的，很難明確分別。商周世界觀的根本區別，是商人對『帝』或『天』的信仰中並無倫理的內容在其中，總體上還不能達到倫理宗教的水平。而周人的理解中，『天』與『天命』已經有了確定的道德內涵，這種道德內涵是以『敬德』和『保民』為主要特徵的。天的神性的漸趨淡化和

『人』與『民』的相對於『神』的地位的上升，是周代思想發展的方向。用宗教學的語言來說，商人的世界觀是『自然宗教』的信仰，周代的天命觀則已經具有『倫理宗教』的品格。」第 168 頁，北京：生活‧讀書‧新知三聯書店，1996 年版。

[9] 崔大華：《儒學引論》：「孔子的天命觀與周人不同，『天命』不再是對某種具有人格神性質的實在的虔誠的信仰對象，而是一種雖為人的力量無法駕馭改變，但卻可理性地認識，體悟的對象。」第 25 頁，北京：人民出版社，2001 年版。

[10] 梁漱溟：《中國文化要義》：「以我所見，宗教問題實為中西文化的分水嶺。中國古代社會與希臘羅馬古代社會，彼此原都不相遠的。但西洋繼此而有之文化發展，則以宗教若基督教者作中心；中國卻以非宗教的周孔教化作中心。後此兩方社會構造演化不同，悉決於此。周孔教化『極高明而道中庸』，於宗法社會的生活無所驟變（所改不驟），而潤澤以禮文，提高其精神。中國遂漸以轉進於倫理本位，而家族家庭生活乃延續於後。西洋則以基督教轉向大團體生活，而家庭以輕，家族以裂，此其大較也。」第 46 頁，上海：上海人民出版社，2005 年版。

[11] 余英時：《論士衡史》：「中國思想的最可貴之處則是能夠不依賴靈魂不朽而積極地肯定人生。立功、立德、立言是中國自古相傳的三不朽信仰，也是中國人的『永生』保證。這一信仰一直到今天還活在許多中國人的心中。我們可以毫不遲疑地說，這是一種最合於現代生活的『宗教信仰』。提倡科學最力的胡適曾寫過一篇題為《不朽——我的宗教》的文章，事實上便是中國傳統不朽論的現代翻版。根據中國人的生死觀，每一個人都可以勇敢地面對小我的死亡而仍然積極地做人，勤奮地做事。人活一日便盡一日的本分，一旦死去，則此氣散歸天地，並無遺憾。這便是所謂『善吾生所以善吾死』。」第121頁，上海：上海文藝出版社，1999年版。

第3章 墨子：站在孔子對面的「平民代表」

[1] 韋政通：《先秦七大哲學家》：「孔孟率領着他們的弟子，周遊各國，儼然形成了一個新的士人集團，他們所以能不耕而食，是因為他們依附着擁有權勢的上層社會。墨子對這羣戴章甫、穿儒服的士，沒有好感，他和他的門徒仍多靠原來的賤業，以維持生活，這使墨子比孔孟又多一層困境。」第109頁，南京：江蘇教育出版社，2006年版。

第 4 章　孟子：用愛征服世界的「仁者」

[1] 李澤厚：《中國古代思想史論》：「不能把『仁』『義』『禮』『智』『聖』這些道德品格當作服從外在的『命』，而應該當作內在的『性』。儘管孟子也講『天命』『命也』，卻更着重於『立命』『正命』，它表現了由神意天命的他律道德向『四端』『良知』的自律道德的轉換。」第 48頁，北京：人民出版社，1985 年版。

[2] 勞思光：《新編中國哲學史·一卷》：「孟子所欲肯定者，乃價值意識內在於自覺心，或為自覺心所本有。但此所謂內在或本有，並非指發生歷程講。若就發生歷程講，則說『性善』時，即將指實然之始點為價值意識所在。換言之，將以為人在初生時（實然始點）為『善』。此自不可通。誤解孟子理論者每每如此講。其實此非孟子之意。孟子欲肯定價值意識為自覺心所本有，只能就本質歷程講。」第 120、121 頁，桂林：廣西師範大學出版社，2005 年版。

[3] 崔大華：《儒學引論》：「孟子對人的道德行為的人性根源的論證，從邏輯上看是很脆弱的，他把人生活中的道德的社會現象與生理、心理的自然現象完全混同起來。」第 50 頁，北京：人民出版社，2001 年版。

[4] 參見：勞思光：《新編中國哲學史·一卷》：「『持』，定

守之謂，趙注所謂『正持』也。『暴』，指『亂』而言。欲以志帥氣，則必須一面定守其志，一面勿使其氣暴亂。換言之，欲以德性統攝生命情意，則須一面使價值自覺澄定，一面不縱其生命情意，免使至於肆而亂也。」第127頁，桂林：廣西師範大學出版社，2005年版。

[5] 童書業：《先秦七子思想研究》：「『浩然之氣』就是正氣，它是從人的善性出發的，這個氣如果『直養而無害』，就能『塞於天地之間』，『與天地同流』。換句話說：宇宙就是我心了。」第105頁，濟南：齊魯書社，1982年版。

[6] 李澤厚：《中國古代思想史論》：「很明顯的是，孟子強調的正是凝聚了理性的感性。人是憑着這種『集義而生』的感性（『氣』）而與宇宙天地相交通，這也就是孟子所再三講的，『存其心，養其性，所以事天也』『夫君子所過者化，所存者神，上下與天地同流』等等。它就是為孟子所首倡而後到《中庸》再到宋明理學的儒學『內聖』之道。」第51頁，北京：人民出版社，1985年版。

第5章　老子：「佛系」拯救者

[1] 陳鼓應：《老莊新論（修訂版）》：「老子說：『有物混成，先天地生。』『道』這個實存體，不僅在天地形成

以前就存在，而且天地萬物還是它所創生的。」第 141
頁，北京：商務印書館，2008 年版。

[2] 牟宗三：《中國哲學十九講》：「道家所説的『自然』，不
是我們現在所謂自然世界的自然，也不是西方所説的自
然主義 Naturalism。……道家講的自然就是自由自在、
自己如此，就是無所依靠、精神獨立。精神獨立才能算
自然，所以是很超越的境界。」第 71 頁，上海：上海
古籍出版社，2005 年版。

[3] 陳鼓應：《老莊新論（修訂版）》：「『道』創生萬物以後，
還要使萬物得到培育，使萬物得到成熟，使萬物得到覆
養（『長之、育之；亭之、毒之；養之、覆之』）。從這
裏看，『道』不僅創生萬物就完事了，它還要內附於萬
物，以畜養它們，培育它們。」第 142 頁，北京：商務
印書館，2008 年版。

[4] 李澤厚：《中國古代思想史論》：「『反者道之動。』這句
話大概最簡要地概括了《老子》的『道』的主要內容。即
在運動中相反相成的對立項相互轉化。」第 92 頁，北
京：人民出版社，1985 年版。

[5] 牟宗三：《中國哲學十九講》：「無的境界就是虛一靜，
就是使我們的心靈不粘着固定於任何一個特定的方向
上。」第 75 頁，上海：上海古籍出版社，2005 年版。

[6]　勞思光：《新編中國哲學史・一卷》：「萬物運行，皆時時走向『反』。故一切存在皆在自身否定之過程中。故人若欲勉強鬥力，則不論所擁有之力如何龐大，其運用結果必是由盛而衰。倘不鬥力，而自守於柔弱，則唯靜觀盛者之衰，而自身無所謂衰。」第 183 頁，桂林：廣西師範大學出版社，2005 年版。

[7]　張岱年：《中國哲學大綱》：「最早的本根學說是老子莊周的道論，莊子以後，戰國末及漢代言道者甚眾，於是到後來『道』字乃變為本根之代名。」第 38 頁，南京：江蘇教育出版社，2005 年版。

第 6 章　法家：拯救世界的新辦法

[1]　蕭公權：《中國政治思想史》：「法有廣狹二義，與禮相似。狹義為聽訟斷獄之律文，廣義為治政整民之制度。」第 104 頁，瀋陽：遼寧教育出版社，1998 年版。

[2]　杜正勝：《編戶齊民：傳統政治社會結構之形成》：「封建制到郡縣制轉型之際，軍隊長官亦兼民政首長，具有文武雙重身份和任務。」第 129 頁，台北：聯經出版事業公司，1990 年版。

[3]　杜正勝：《編戶齊民：傳統政治社會結構之形成》：「各國閭里什伍制大抵是春秋中晚期以下軍政改革的結

果。……齊國的什伍制在春秋晚期以前已建立……逮乎戰國時代，各國的閭里普遍都部署什伍了。」第133頁，台北：聯經出版事業公司，1990年版。

[4] 閻步克：《士大夫政治演生史稿》：「就其內容看，秦律決不僅僅是刑律，其中兵刑錢穀、考課銓選無所不及；相當大的一部分，如楊寬所說是『官府統治上需要的各種規章制度』。它們達到了相當可觀的細密程度——從勞績之考課，到徭役之徵發；從新故官員之交接，到府庫財貨之出入；小至斗之衡定、火之預防、錦履之禁、版書之材、傳食之差等，公器之標識，大抵皆有可循之規章，有必遵之條文。秦律中包括着帝國政府的主要行政規程，用以處理官府、官吏之間及其齊民之間的各種關係、各類事務。……它給學人以如下感受：《秦律》的律篇之多，篇中的律條之細，充分說明了《秦律》的指導思想是企圖把社會的各個側面，以及每個側面的細部都納入法律範圍，而不應有不利於社會和危害社會的行為遺脫於法律制裁之外。這正是商鞅以法為社會支撐點的法治思想的再現。」第233、234頁，北京：北京大學出版社，1996年版。

[5] 牟宗三：《中國哲學十九講》：「商鞅有法而無術，所以死得很慘。申不害因此而有感於『術』的重要，所以提

出『術』的觀念來。」第 134 頁，上海：上海古籍出版社，2005 年版。

第 7 章　董仲舒：發現歷史答案的「宗師」

[1]　[日]鶴間和幸著，馬彪譯：《講談社・中國的歷史：始皇帝的遺產：秦漢帝國》：「此文書以馬、船傳送，送信距離五千一百四十六里，按文書的計算：每天行八十五里，行六十天後尚餘四十六里。在當時，一里約四百米，若按日行三十四公里計算，總距離為二千零五十八公里。相當於從咸陽至南郡的直線距離四百公里的五個往返的行程。若以馬送信，日行八十五里，約三十四公里。由張家山漢簡《行書律》可知：若以晝夜郵送的話，日行二百里（約八十公里）。從咸陽至南郡，若使用特快郵件的話，要一個星期；一般郵件的話估計大概需要十至二十天。附帶一提的是：漢代的詔書從長安送至敦煌需要五十天。」第 46 頁，桂林：廣西師範大學出版社，2014 年版。

[2]　程念祺：《國家力量與中國經濟的歷史變遷》：「秦朝與天下為敵，其根本原因，就在於它所必須的制度費用，遠遠超出了當時社會的承受能力。」第 20 頁，北京：新星出版社，2006 年版。

[3] 陳蘇鎮:《〈春秋〉與「漢道」:兩漢政治與政治文化研究》:「從秦國變法圖強的歷史中我們看到,秦法雖是從魏國引進的,但基本符合關中民俗的特點與需要,因而最終為關中百姓所接受。」第 65 頁,北京:中華書局,2011 年版。

[4] 陳蘇鎮:《〈春秋〉與「漢道」:兩漢政治與政治文化研究》:「同樣的『法律令』,被推廣到政治發展水平不同的地區,必然產生不同的反應。關中秦人本來就在由秦法構成的秩序及相應的政治文化環境中生活,不會有明顯的異樣感覺。魏、韓人不過是又經歷了一次更徹底的變法。趙、齊、燕人有『秦法重』之怨言,反應比魏、韓來得強烈。楚人則『苦』不堪言,必亡秦復楚而後快。」「我們認為,由文化差異與衝突引起的楚人對秦政的反感,及齊、趙等地人民對楚人反秦戰爭的同情,是導致秦朝滅亡的重要原因。這一事實後來逐漸被『天下苦秦』之說淹沒了。」第 37 頁,北京:中華書局,2011 年版。

[5] 陳蘇鎮:《〈春秋〉與「漢道」:兩漢政治與政治文化研究》:「劉邦、蕭何得以步秦後塵再建帝業,又能避免重蹈亡秦覆轍,原因之一是他們吸取了秦朝的教訓,不急於整齊習俗、統一文化,在完成對全國的軍事征服和政

治統一之後，便暫時停住腳步，接受和容忍不同習俗並存的局面，針對不同地區實行不同的政策，在秦、韓、魏等西部地區設郡縣『奉漢法以治』，在趙、燕、齊、楚等東部地區則立王國，允許諸侯王在一定範圍內制定和頒佈本國的政策法令，依靠本國士人在一定程度上『從俗』而治。在統一戰爭剛剛結束、文化上的戰國局面依然存在、東方各地特別是楚齊趙地的文化傳統仍有很大勢力的情況下，將承秦而來的漢朝法律強行向全國推廣，仍有激起東方社會反抗的危險。而郡國並行制正可起到緩解東西文化衝突的作用。西漢能成功地避開亡秦覆轍，將帝國的統治鞏固下來，與此不無關係。」第106、107頁，北京：中華書局，2011年版。

[6] 李澤厚：《中國古代思想史論》：「文化人類學的材料說明，在任何原始社會的神話裏都可以分析出其中主要結構是以正負兩種因素、力量作為基本動力、方面或面貌。」第161頁，北京：人民出版社，1985年版。

[7] 張岱年：《中國古典哲學概念範疇要論》：「『陰陽』本指物體對於日光的向背，向日為陽，背日為陰。」第537頁，石家莊：河北人民出版社，1996年版。

[8] 李存山：《中國傳統哲學綱要》：「據《尚書大傳》，『水火者，百姓之所飲食也；金木者，百姓之所興作也；土

者，萬物之所資生也。是為人用。」『五行』即人們生活中所必需的五種實用之物。」第4頁，北京：中國社會科學出版社，2008年版。

[9] 李澤厚：《中國古代思想史論》：「五行『相生』『相勝』的序列關係看來也來源於生活經驗。例如木可生火（木生火）、火後有灰燼（火生土），礦石原料來自地下（土生金），金屬遇冷則有水露（金生水），水能滋長梢物（水生木）以及水滅火，火冶金，金伐木，木犁破土，築堤禦水等等，體現的正是在日常社會生活中它們在性質上和功能間的相互關係和聯繫。」第163頁，北京：人民出版社，1985年版。

[10] 勞思光：《新編中國哲學史·二卷》：「董仲舒所言之『天道』與『天象』，或為形上意義之規律，或為經驗意義之事實，本身不能涉及價值問題。但董仲舒則將『應天』當作最高價值原則，此乃思想上一大混亂。」第29頁，桂林：廣西師範大學出版社，2005年版。